Angelika Blum

Das Weihnachts-Lese-Bastel-Buch

24 Geschichten und viele
[illegible] und Bastelideen

johannis

Die Deutsche Bibliothek – CIP-Einheitsaufnahme

Blum, Angelika:
Das Weihnachts-Lese-Bastel-Buch : 24 Geschichten und viele Mal- und Bastelideen / Angelika Blum. – Lahr : Johannis, 1999
(Edition C : R, Kindertaschenbücher ; 38)
ISBN 3-501-01378-7

Edition C-Kindertaschenbuch 56 438 (R 38)

Umschlaggestaltung: Dialog Werbeagentur, Waldbronn
Gesamtherstellung:
St.-Johannis-Druckerei, 77922 Lahr
Printed in Germany 13832/1999

Inhalt

Kein Adventskalender?

»Mama – wo ist denn mein Adventskalender?« Enttäuscht verzieht Florian das Gesicht. Es sieht aus, als würde er gleich anfangen zu weinen. »Du hast mir doch versprochen, dass ich einen gaaaaanz schönen haben soll – wo ist er denn nun?«

Oh, da möchte sich die Mutter am liebsten wie eine kleine Maus in einem Mauseloch verkriechen, so sehr schämt sie sich! Den Adventskalender hat sie nämlich ganz vergessen. Dabei stimmt es, was Flori behauptet. Sie hatte ihm diesmal einen ganz besonders schönen kaufen wollen. Einen, bei dem man nicht nur kleine Türchen öffnen kann, hinter denen ein Stückchen Schokolade verborgen ist. Nein, es hatte sogar einer sein sollen, bei dem sich die Figuren bewegen lassen, wenn man an schmalen Papierstreifen zieht. Und nun hat Flori gar keine Überraschung. Nicht einmal einen ganz einfachen Adventskalender hat er. Dabei hatte er sich so sehr darauf gefreut!

Ja, und nun? Was kann man denn da machen? Richtig – man geht ganz schnell in ein Geschäft und versucht, noch einen zu bekommen. Wenn man Glück hat, sind noch nicht alle ausverkauft und man bekommt wenigstens einen halbschönen. Das denkt sich Floris Mutter jedenfalls, und obwohl Flori ziemlich beleidigt ist und zuerst überhaupt nicht mitgehen will, ziehen sie sich dann doch an und gehen schräg gegenüber ins Lebensmittelgeschäft. Der nette Herr Eberhard schüttelt aber nur bedauernd den Kopf und sagt: »Leider – ich hätte gern geholfen, aber in meinem Laden ist kein einziger Adventskalender mehr aufzutreiben.«

Genauso ist es mit dem Kiosk an der Ecke.

»Siehste!«, sagt Flori grimmig und boxt seine Mutter ein bisschen in die Seite. »Jetzt kriegen wir keinen mehr!«

Doch die Mutter will nicht aufgeben. Sie nimmt Flori an die Hand und geht mit ihm ein Stückchen weiter die Straße hinunter. Am Ende ist ein Schreibwarengeschäft, vielleicht gibt es dort noch Adventskalender zu kaufen. Aber auch hier schüttelt die nette Verkäuferin den Kopf. Adventskalender? Nein, leider – alle ausverkauft.

Flori sieht seine Mutter vorwurfsvoll an. Sein Kopf wird puterrot vor lauter Anstrengung – so sehr bemüht er sich, nicht einfach loszuheulen. Er wartet nicht einmal ab, bis sie sich umdreht. Er stapft ganz einfach schnurstracks aus dem Geschäft hinaus. Der erste Dezember ist doof, wenn man keinen Adventskalender hat. Und der zweite Dezember wird auch doof, und der dritte und der vierte auch.

Als die Mutter Flori eingeholt hat, will sie ihn trösten, aber Flori verschränkt die Arme vor der Brust, macht sein finsterstes Gesicht, stampft auf den Boden und brummt: »Jetzt will ich überhaupt keinen Kalender mehr.«

Doch die Mutter weiß genau, dass Flori immer noch sehr gern einen gehabt hätte. Deshalb tut sie so, als hätte sie es gar nicht gehört. Sie sagt: »Pass auf, Flori: Ich bringe dich jetzt zur Oma. Ihr macht ein paar Spiele zusammen, und ich gehe rasch zum Arzt. Du weißt ja, dass ich für Papa ein Rezept abholen will. Bei der Gelegenheit schaue ich mich nochmal in anderen Geschäften ein bisschen um. Vielleicht habe ich ja Glück und finde doch noch einen schönen Kalender, ja?«

»Na gut«, brummt Flori gnädig. »Aber nicht wieder vergessen!«

»Nein, ganz bestimmt nicht!«, verspricht die Mutter und gibt Flori einen Kuss. Der rubbelt den Kuss ganz schnell wieder herunter und rennt vor. Da vorne wohnt ja schon die Oma!

Die freut sich sehr, als die beiden so plötzlich vor der Tür stehen. Und für Flori hat sie sogar eine Überraschung parat. »Komm mal mit, mein Junge«, flüstert sie ihm gleich nach der Begrüßung geheimnisvoll ins Ohr. »Auf meinem Bett liegt nämlich etwas für dich – vielleicht freust du dich darüber!«

Natürlich ist Flori schrecklich gespannt auf Omas Geheimnis. Er lässt sich willig von ihr die Augen zuhalten und ins Schlafzimmer führen. Erst, als seine Knie die Bettkante berühren, nimmt Oma ihre Hände fort, und was liegt da auf ihrer Decke? – Ein Adventskalender! Ja, ihr habt ganz richtig gehört – ein Adventskalender! Und wisst ihr, was für einer? Genauso so einer, wie die Mutter dem Flori versprochen hatte: mit Schokolade drin und mit Figuren, die sich bewegen, wenn man an schmalen Papierlaschen zieht.

Da freut sich der Flori aber! Er dreht sich um und drückt seine Oma so fest, dass sie lachend ruft: »Aufhören – aufhören! Ich kriege ja keine Luft mehr!«

»Na, dann brauche ich ja nicht mehr nach einem Kalender zu suchen«, ruft die Mutter erleichtert. Und sie trinken alle zusammen heißen Kakao und essen frische Brötchen, die Flori extra von Herrn Eberhard holt.

Und weil Flori sich inzwischen für sein bockiges Benehmen von vorhin ein bisschen schämt, schmiert er auf eine Brötchenhälfte eine besonders große Portion von Omas selbstgekochtem Pflaumenmus – die soll seine Mama haben!

Diese kleine Maus kann sich verstecken! Schneidet sie nach der Schablone aus grauem Tonkarton aus und bastelt danach ihr Mäusehäuschen. Dazu braucht ihr zwei Tonkarton-Rechtecke, die ihr am Außenrand an den markierten Linien zusammenklebt.

Jetzt braucht ihr die Maus nur noch rückwärts in ihr Mäusehäuschen hineinzuschieben – hinten kommt der Mäuseschwanz wieder heraus. An dem könnt ihr sie nun hinausschieben oder hereinziehen!

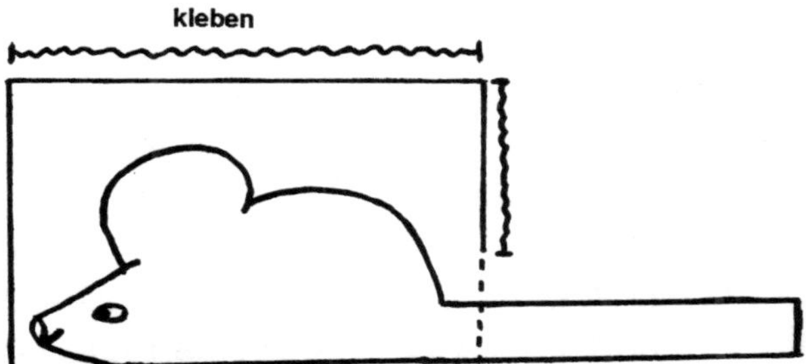

Bitte, lieber Gott, lass es doch endlich schneien!

»Wann kommt denn bloß der Schnee? – Warum schneit es denn noch immer nicht? – Wenn es doch endlich schneien würde!«

Seit Tagen schon liegt Christian seinen Eltern damit in den Ohren. Seit Tagen läuft er dauernd zum Fenster und sieht nach, ob nicht endlich am blauen Himmel ein weißes Wölkchen zu sehen ist. Vergebens, der Schnee will und will nicht kommen. Dabei gibt es nichts, worauf Christian in diesem Jahr sehnlicher wartet. Kein Wunder, er hat ja zu seinem Geburtstag am 25. November einen Schlitten geschenkt bekommen!

Was hat er seitdem nicht alles getan, damit es endlich schneit! Drei Tage lang hintereinander hat er beim Mittagessen seinen Teller so leergeputzt, als hätte eine kleine Katze ihn saubergeschleckt – nur, damit Gott seinen großen Wunsch erfüllt.

Er hat ohne zu nörgeln den Müll hinuntergebracht und sogar jeden Abend vor dem Schlafengehen sein Zimmer aufgeräumt. Nichts hatte geholfen, auch nicht seine vielen Gebete und es sieht auch nicht so aus, als würde es heute schneien.

Als Christian an diesem Abend in sein Bett klettert, ist er ziemlich sauer.

»Kannst du mir vielleicht mal sagen«, fragt er seine Mutter aufgebracht, »warum Gott es immer noch nicht schneien lässt – obwohl ich mich doch so anstrenge?«

Die Mutter schüttelt den Kopf und fährt ihm mit der Hand durch das strubbelige Haar. »Nein, mein Junge«, gibt sie zu, »das kann ich nicht. Aber bestimmt hat er es sich schon genau überlegt. Schneeflocken sind schließlich etwas ganz Besonderes!«

»Wieso?« Kerzengerade sitzt Christian auf einmal im Bett. »Schneeflocken – das sind doch bloß klitzekleine Wattebäuschchen. Bloß eben nicht aus Watte, sondern aus Schnee!«

»Oh nein«, lacht die Mutter. »Ganz so einfach ist es nicht. Sie bestehen aus unzähligen winzigen Kristallen. Mit jedem dieser Schneekristalle schafft Gott ein richtiges kleines Kunstwerk. Jeden einzelnen gibt es nämlich nur ein einziges Mal. Keiner gleicht dem anderen, keinen gibt es doppelt, kannst du dir das vorstellen?«

»Nee«, brummt Christian. Er weiß nicht so recht, ob er seiner Mutter glauben soll oder nicht. Dass sich Gott so viel Mühe machen soll mit jeder einzelnen Schneeflocke – das will ihm nicht so recht in den Kopf.

»Und doch ist es so«, erzählt die Mutter weiter, als hätte sie seine Gedanken erraten. »Einmal konnte ich es sogar selber ganz deutlich sehen. Da hing nämlich ein Spinnennetz genau in der Ecke unseres Terrassenfensters. Es hatte geschneit, und in dem Netz blieben einige Kristalle hängen. Ich ging ganz nah heran und erkannte genau ihre Formen, mit allen Spitzen und Zacken. Sie waren ganz verschieden. Und doch haben alle Schneekristalle der Welt eines gemeinsam: Sie bestehen immer aus sechs Zacken, niemals aus vier oder fünf oder sieben. Wenn man eine Schneeflocke malen und diese Zacken nacheinander mit einem dünnen Strich rundherum verbinden würde, gäbe es immer eine sechseckige Wabe.«

»Mönsch, dann sind ja Schneeflocken wirklich etwas ganz Tolles!«, ruft Christian jetzt beeindruckt. »Und wir denken überhaupt nicht daran und trampeln immer einfach so darauf herum!«

»Stimmt«, lacht die Mutter. »Aber schließlich können wir nicht fliegen. Trotzdem lohnt es sich, darüber einmal nachzudenken, meinst du nicht auch?«

Christian rutscht tief unter seine Bettdecke und brummt von unten: »Dann warte ich eben noch ein bisschen. Wenn Schneeflocken so was Tolles sind, dauert es bestimmt noch länger, bis sie fertig sind.« Auf einmal schießt sein Kopf wieder hervor. »Aber aufräumen will ich dann nicht mehr jeden Abend – vielleicht schickt uns Gott den Schnee ja erst in zwei Wochen, und dann bin ich vom Aufräumen so müde, dass ich überhaupt nicht mehr Schlittenfahren kann!«

Schwups, verschwindet sein Kopf wieder unter der Decke.

Hier habe ich einen Schneekristall für euch gezeichnet. Ihr könnt ihn abpausen und auf weißes Papier übertragen. Es sieht sehr schön aus, wenn ihr ihn danach ausschneidet und ans Fenster klebt.

Steffis Maria und Karins Josef

Ob die Eltern sich über die Maria und das Jesuskind wohl freuen werden? Steffi ist schon so gespannt auf Mamas und Papas Gesichter. Oh, wie werden sie staunen, wenn sie die hübschen, selbstgetöpferten Tonfiguren bei der Bescherung auspacken! Immer schon hatten sie sich die Maria, den Josef und das Jesuskind in der Krippe gewünscht, sich auch schon so oft in den Geschäften nach hübschen Figuren umgesehen, aber nie hatte ihnen auch nur eine davon wirklich gefallen. Jetzt endlich würden sie die Maria und das Jesuskind unter dem Weihnachtsbaum finden! Aus richtigem Ton, wie Mama es immer so gern gewollt hatte.

Für den Josef reicht die Schulstunde leider nicht mehr aus, aber dafür sind die anderen beiden Figuren besonders schön geworden, findet Steffi.

Vorsichtig dreht und wendet sie die kleine Maria in ihrer Hand. Der lange Umhang ist ihr wirklich gut gelungen. Er schmiegt sind eng um die schmalen Schultern und bedeckt an den Seiten sogar noch ein bisschen die vor der Brust gekreuzten Arme. Es sieht aus, als bete sie.

»Sehr schön hast du das gemacht, Steffi«,

lobt die Lehrerin. »Du bist ja eine richtige kleine Künstlerin! Hier, seht mal alle her – hat Steffi nicht eine wirklich hübsche Maria geformt?«

»Toll! – Megastark! – Super!«, rufen die anderen, und Steffi wird rot vor Freude.

Behutsam stellt sie die beiden Figuren auf das lange Holzbrett neben dem Waschbecken. Hier müssen sie nun mindestens zwei Wochen lang trocknen. Wenn sie nämlich nicht ganz durchgetrocknet sind, so hatte die Lehrerin ihnen erklärt, können sie platzen beim Brennen und dabei sogar noch andere Teile, die ebenfalls im Brennofen stehen, beschädigen.

»Schade, dass es so lange dauert, bis unsere Figuren fertiggebrannt sind, nicht wahr?« sagt Steffi beim Händewaschen zu Karin. »Ich bin schon so gespannt darauf, wie sie nachher aussehen werden – weil sie doch im Brennofen ein bisschen schrumpfen!«

»Ja, du hast es gut, deine sind wenigstens schön geworden. Sieh dir bloß mal meinen Josef an.« Karin verzieht grinsend das Gesicht. »Eigentlich soll er knien, aber was tut er – er hinkt, als hätte er eine Blase am Fuß!«

Steffi zuckt die Schultern, während sie mit der Bürste ihre Fingernägel bearbeitet. »Hatte er wahrscheinlich sogar.«

»Was?« Verständnislos sieht Karin Steffi an.

»Blasen. Er hatte wahrscheinlich Blasen an den Füßen. Wenn einer so lange zu Fuß unterwegs gewesen ist ...«

Karin nickt zustimmend. »Du hast Recht. Er ist ja erstmal ein paar Tage lang gelaufen, bevor er mit Maria nach Betlehem kam – ungefähr hundert Kilometer. Und da waren dann alle Zimmer belegt. Wie das ist, weiß ich genau. Mein Papa ist nämlich vor ein paar Monaten zur Messe nach Düsseldorf gefahren. Was glaubst du, wie oft der herumtelefoniert hat, um für eine einzige Nacht dort ein Zimmer dort zu bekommen!«

»Maria und Josef konnten aber nicht vorher telefonieren. Damals gab es noch keine Telefone«, warf Steffi nachdenklich ein.

»Stimmt, die mussten einfach losmarschieren und hoffen, dass sie irgendwo unterkommen würden. Ganz schön stressig, was?«

»Klar«, bestätigt Steffi und reicht Karin die Nagelbürste. »Schließlich musste ihr Kind bald kommen. Junge, Junge, in Josefs Haut hätte ich nicht stecken mögen!« Mit tropfenden Händen angelt sie nach dem Handtuch.

»Und ich nicht in Marias. Stell dir bloß vor, wie die ihr Kind zur Welt gebracht hat – in einem Stall! Also, ich bin in einem sauberen Krankenhaus geboren worden, und du?«

»Zu Hause, sagt Mama. Im Schlafzimmer meiner Eltern. Aber die haben ein richtig schönes Schlafzimmer. Mit Teppichboden und viel Schnickschnack. Das sieht fast wie ein Wohnzimmer aus. Mama fand das ganz toll, mich zu Hause zu kriegen. Im Stall – nee, das wäre ihr viel zu dreckig gewesen!"

»Hey – rückt mal ein Stück! Jetzt sind wir dran mit Händewaschen!« Mit einem groben Schubs werden die beiden Mädchen von Dennis, dem Frechsten der Klasse, an die Seite befördert. Doch beide sind so in ihr Gespräch vertieft, dass es ihnen diesmal überhaupt nichts ausmacht.

»Sieh dir bloß das Jesuskind an!« Karin deutet auf Steffis Tonfigur. »Auf Stroh hat es gelegen – bloß in eine Windel gewickelt! Kannst du dir vorstellen, dass du später mal dein Kind auf Stroh zum Schlafen legst? Also, meins bekommt bestimmt eine supertolle Wiege mit einem Himmel drüber und ...«

»Einen Himmel drüber hatte Jesus auch«, unterbricht Steffi Karins Redefluss. »Sogar einen viel größeren und schöneren.«

»Du hast Recht, daran habe ich gar nicht gedacht. Du meinst den richtigen Himmel mit den vielen Sternen und so. Trotzdem ist es komisch, wenn man daran denkt, dass Jesus ausgerechnet in einem Stall zur Welt gekommen ist, nicht wahr? Er hätte doch eigentlich in irgendeinem Königspalast geboren werden müssen – immerhin ist er ja nicht irgendein Baby gewesen, sondern Gottes Sohn!«

»Ja, aber dann hätte bestimmt niemand zu ihm kommen können«, gibt Steffi zu bedenken. »Sie hätten Wachen vor die Türen gestellt und keiner hätte ins Zimmer gedurft, erst recht nicht die armen Leute. Und Gott hat doch als Erste sogar die Hirten zu Jesus geschickt. Sicher wollte er den Menschen damit zeigen, dass Jesus für alle gekommen ist und nicht nur für die feinen Leute.«

»Ja, das kann sein. Vielleicht hat er sogar die armen und einfachen Leute besonders lieb. – Du, Steffi, weißt du was? Am liebsten möchte ich jetzt noch ein paar Hirten töpfern, auch wenn die bestimmt wieder krumm und schief würden!«

»Und ich möchte am liebsten deinen Josef geschenkt bekommen«, lacht Steffi. »Ich finde, er würde prima zu meiner Maria passen!«

Im 2. Kapitel des Lukas-Evangeliums wird von einem Mann erzählt, der sehr fromm und gottesfürchtig gelebt hatte. Dem hatte der Heilige Geist zu verstehen gegeben, dass er nicht eher sterben werde, bevor er den Christus des Herrn gesehen hätte. So geschah es auch. Als Maria und Josef ihr Kind in den Tempel brachten, nahm er es auf seine Arme und sagte:

»Herr, nun kann ich in Frieden sterben, denn du hast dein Versprechen eingelöst. Mit eigenen Augen habe ich es gesehen: du hast dein rettendes Werk begonnen, und alle Welt wird es erfahren.«

❄ ❄ ❄ ❄ ❄ ❄

Möchtest du wissen, wie der Mann hieß? Dann ersetze die Zahlen durch die entsprechenden Buchstaben des Alphabets! (A = 1, B = 2 usw.)

19, 9, 13, 5, 15, 14

Der Kinderbischof

»Bist du mit deinen ollen Hausaufgaben bald fertig? Ich will doch so gerne mit dir spielen!« Bittend schaut Michi seine Schwester an. Sie sitzt schon so lange an ihrem Schreibtisch!

Doch Conny muss den kleinen Bruder noch ein wenig vertrösten. »Ich habe keine Zeit, Michi. Wir haben für Deutsch etwas ziemlich Schwieriges aufbekommen. Das geht nicht so schnell!«

»Aber was musst du denn machen?«, mault Michi ungeduldig. »Deine Lehrerin ist doof, wenn sie dir so viel aufgibt!«

»Wir haben keine Lehrerin, du Schlaukopf«, lacht Conny und tippt mit ihrem Zeigefinger mitten auf Michis Stupsnase. »Wir haben einen Deutschlehrer, und der ist sogar ziemlich nett. Schließlich kann er nichts dafür, dass wir jetzt den Nikolaus besprechen. Das steht so in seinem Lehrplan!«

»Über *wen* sprecht ihr?«, ruft Michi überrascht. Er macht ein Gesicht, als hätte Conny ihm soeben erklärt, dass gleich der Mond vom Himmel fallen werde.

»Na, über den Kinderbischof!«

»Über den *Kinderbischof*? Wer ist denn das?«

»Ach, Michi, du bist wirklich noch ziemlich klein und dumm! Der Kinderbischof ist doch der Nikolaus!«

Jetzt wird es Michi aber zu bunt. »Du meinst – unser Nikolaus ist der Kinderbischof? Aber das ist doch Quatsch! Unser Nikolaus ist der Herr Brand von nebenan, das hab ich im letzten Jahr genau gesehen! Als der bei uns war und uns die leckeren Sachen gebracht hat, hat er nämlich Herrn Brands Schuhe angehabt, und seine Socken auch! Und außerdem hat er auch gesprochen wie der Herr Brand!«

»Ja, du hast ja recht«, lenkt Conny ein. »Aber der Herr Brand *spielt* den Nikolaus nur, er ist es nicht wirklich. Der echte Nikolaus hat schon vor ganz vielen Jahren gelebt. Und der war ein Bischof.«

»Ach so«, sagt Michi und knibbelt ein bisschen an Connys Schreibtischunterlage. »Aber warum war der echte Nikolaus ein Kinderbischof?«

»Weil er den Menschen so gern geholfen und ihnen Geschenke gebracht hat. Vor allem aber den Kindern, sagt man.«

»Und warum hat er das getan?«

»Er hatte sie wohl sehr gern. Überhaupt war er eben ein guter Mann.«

»Hhm«, macht Michi. In seinem kleinen

Kopf arbeitet es gewaltig. »Hieß der denn wirklich ›Nikolaus‹?«

Die Schwester nickt. »Nikolaus von Myra. Er lebte in Kleinasien.«

»Ach so«, sagt Michi wieder. Es klingt, als wüsste er ganz genau, wo Kleinasien liegt. »Ja, gut – dann schreib das jetzt mal alles auf, aber mach schnell. Ich warte doch schon so lange!«

Als Conny sich wieder über ihre Hausaufgabe beugt, kommt Michi auf einmal eine Idee. Mit wichtigem Gesicht kramt er in der nächsten Viertelstunde in sämtlichen Ecken des Kinderzimmers herum und trägt viele kleine Dinge auf dem Fußboden zusammen: ein paar Luftballons, eine Kerze, zwei schillernde Knöpfe, einen wunderschönen glitzernden Stein, einen Minibilderrahmen, eine Puppenschultüte, und vieles andere mehr. Er stibitzt ein paar von Mutters Servietten aus dem Wohnzimmer, holt sich Geschenkband und Tesafilm von Connys Schreibtisch und lässt sich damit neben all den Schätzen auf seinem Teppich nieder. Nun ist er eine ganze Weile stark beschäftigt.

Es dauert lange, bis er alle Teile einzeln eingepackt und mit Schleifenband umwickelt hat, aber endlich ist sein Werk beendet. Vor ihm liegt ein stattliches Häufchen kleiner bunter

Päckchen. Das sieht sehr geheimnisvoll aus, und niemand – außer Michi – könnte erraten, was sich in ihnen befindet.

Michi steht auf, rennt in die Diele und angelt seinen Kindergartenbeutel vom Haken. Er packt alle bunten Päckchen hinein, zieht die Kordel zu und hängt sich den Sack auf den Rücken. Dann verlässt er leise die Wohnung ...

Als er wieder zurückkommt, ist der Sack leer. Oh, die Leute im Haus werden sich wundern ! Am liebsten würde er heimlich zusehen, wenn sie die Päckchen vor ihren Türen entdecken!

»Fertig!«, ruft Conny in diesem Augenblick aus ihrem Zimmer. »Du kannst jetzt kommen.« Das lässt sich Michi nicht zweimal sagen! Schließlich muss er der Schwester etwas Wichtiges erzählen ...

❄ ❄ ❄ ❄ ❄ ❄

In einem Nikolaussack sind viele Sachen. Was passt nicht hinein?

Nüsse	Schokolade
Äpfel	Spielzeugauto
Fahrrad	Plüschtier
Mandarinen	Badewanne
Schreibtisch	Kekse

Morgen kommt der Nikolaus

»Mama, wo wohnt eigentlich der Nikolaus?« – »Hat der auch ein Auto, oder nur seine Kutsche mit den Rentieren?« – »Weißt du, ob der Nikolaus verheiratet ist?« – »Sind alle seine Kinder auch Nikoläuse?« – »Wer ist denn überhaupt der Weihnachtsmann? Sind die beiden vielleicht verwandt?« So viele Fragen schwirren in Saskias Kopf durcheinander, und immer noch fallen ihr neue ein! Ihr Plappermäulchen steht nicht eine Sekunde lang still.

Kein Wunder, morgen ist ja auch der 6. Dezember – Nikolaustag!

Der hohe blaue Gummistiefel steht schon seit drei Tagen frisch geputzt und blitzblank vor der Wohnungstür. Immerhin könnte es ja sein, dass sich der Nikolaus mal irrt und zu früh kommt; wo sollte er dann seine herrlichen Leckereien lassen? Vielleicht würde er sie gar einfach wieder mitnehmen, wenn er keinen Stiefel vorfände, und das wäre doch schrecklich! Sicherheitshalber hat Saskia ihm sogar beide, den rechten und den linken, zur Auswahl hingestellt.

Nie zuvor hatten sie so geglänzt! Mit Spucke und einem weichen Lappen hatte Saskia sie bearbeitet, wie sie es kürzlich erst in einem

Fernsehfilm gesehen hatte. Jeder weiß schließlich, dass der Nikolaus seine Köstlichkeiten nur in saubere Stiefel füllt. Der breite Kratzer an der linken Hacke würde ihm wohl nichts ausmachen, hatte Mama gesagt, und die musste es wissen. Schließlich war ihr eigener Stiefel früher, wie sie Saskia erzählt hatte, sogar an mehreren Stellen viel ärger zerkratzt gewesen, aber der Nikolaus hatte ihn trotzdem mit den herrlichsten Sachen gefüllt.

Ihre jedenfalls glänzen so sauber, dass man sich fast in ihnen spiegeln kann!

Leider sind sie immer noch leer, denn der Nikolaus hatte sich nicht geirrt. Aber in dieser Nacht – in dieser Nacht wird er ganz sicher kommen, das weiß Saskia ganz genau. Einmal glaubte sie sogar schon seinen festen Tritt zu hören. Ganz still hatte sie dagestanden und gelauscht, aber dann ist es bloß Papa gewesen, der vom Arbeiten nach Hause gekommen war.

Hach, wenn es doch endlich morgen früh wäre – bestimmt kann sie heute Nacht kein bisschen schlafen!

Als Saskia so viele Fragen gestellt hat, dass die arme Mutter nicht mehr ein noch aus weiß, steckt diese ihre kleine aufgeregte Tochter kurzentschlossen in die Badewanne. »Warmes Wasser beruhigt«, erklärt sie dabei. »Danach schläfst du bestimmt sofort ein, und schon ist es Morgen, noch ehe du dich versiehst!«

»Erzählst du mir jetzt eine Geschichte?«, bettelt Saskia wenig später, als sie – umgeben von herrlichen Schaumbergen – in der Wanne sitzt. »Bitte, bitte – die Geschichte von Susi!«

»Na gut«, seufzt die Mutter lächelnd. Sie setzt sich auf den Rand und beginnt zu erzählen:

Klein Susi in der Badewanne ...

Seelenvergnügt in der Badewanne
sitzt unsere kleine blonde Susanne.
Spritzt und plätschert ein ganzes Meer –
eine ganze Sintflut um sich her.
Mama wird schon böse: »Na warte, du Schlingel!«
Und – surr – surr! – geht draußen die Klingel.
»Ach«, seufzt Mama, »es schellt auch immer grad'
wenn ich mein Susilein bad'.
Nun sei mir hübsch artig, mein Herzblatt, ja?
Gleich ist dein Mütterlein wieder da.
Und rühr mir da oben den Griff nicht an –
das ist die Klingel vom Weihnachtsmann!

Sie hängt an der Decke in dicken Schnüren,
da darf beileibe kein Kind dran rühren!«

Die Mutter geht. Klein Susi, die jetzt allein,
wäscht die Seife, bis sie ganz klein,
zieht das Badelaken vom Tisch herunter,
und schleift's durch sämtliche Pfützen
munter.
Doch endlich wird ihr die Sache zu dumm.
Sie dreht sich energisch zur Türe um:
»Mama! Mama, du sollst dleich tommen –
Susi hat nun denuch deswommen!«
Doch alles bleibt still – und da oben hängt
der blitzblanke Griff....
Klein-Susi denkt: wenn iss nur ein danz
tleines bisschen zieh –
ob der Weihnachtsmann wohl durch den
Türspalt sieht?
Und sacht, ganz sacht steht sie auf,
langt mit den dicken Pätschchen hinauf,
zieht an dem Griff – und da – und da –
denkt euch nur, was da geschah!
Es rauscht, es braust, es rieselt und rischt,
es knallt und saust und heult und zischt -
huh, und so viel! Huh, und so kalt!
Klein Susilein schreit, dass es häuserweit
schallt!

Mama kommt gestürzt, Mama kommt geflogen –
Klein-Susi – o Schreck! – hat die Brause gezogen!
Sitzt in der Wanne, zu Tode erschrocken,
Wasser in Nase, in Ohr und in Locken,
schreit, während sie fast vor Tränen zerfließt:

»Der Weihnachtsmann hat mich mit Wasser begießt!
Dabei hab' iss nur ein danz tleines bisschen gessellt
und mir noch gar nix bei ihm bestellt!«

»Das war schöööön!«, quiekt Saskia begeistert und strampelt so heftig mit den Füßen, dass die Mutter pitschnass wird. »Noch maaal ...!«

Hier ist aber etwas durcheinander geraten! Kein Wunder – jemand hat die Dusche wohl ein bisschen zu heftig aufgedreht!

Ob es euch gelingt, die Buchstaben zu sortieren?

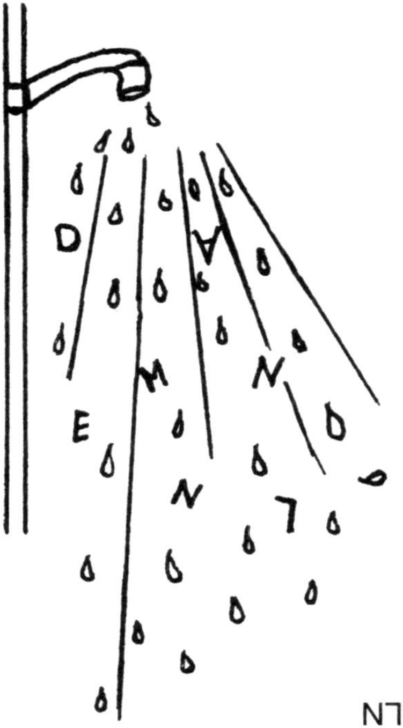

Lösung: MANDELN

So ein Pech!

Es war ganz überraschend passiert. Niemand hatte es kommen sehen, am allerwenigsten Philipp selbst. Wie hätte er auch wissen können, dass gleich hinter dem Gewürzregal ein Turm aus Konservendosen aufgebaut war? Mit ohrenbetäubendem Getöse war er zusammengestürzt, noch bevor Philipp recht begriffen hatte, was geschah. Sein Fußball war gegen die Dosen gerollt, als er ein bisschen mit ihm gedribbelt hatte. Jetzt liegt der Ball mitten zwischen den Dosen, sodass jeder sich gleich denken kann, wie das Missgeschick passiert ist. Das große ›P‹, das er erst gestern mit seinem dunkelblauen Textmarker auf das Leder gemalt hatte, prangt ausgerechnet oben drauf. Gut, dass die Leute nicht wissen, dass es ›Philipp‹ bedeutet ...

Und Leute gibt es reichlich. In Windeseile hat sich ein richtiger Menschenauflauf um den eingestürzten Konserventurm gebildet. Alle gestikulieren und rufen durcheinander: »Ach, du liebe Zeit!« – »Wie konnte das nur geschehen?« – »Zu wem gehört denn bloß das Bürschchen?« – »Typisch Kinder! Passen einfach nicht auf!«

Wie ein begossener Pudel steht Philipp da, tritt von einem Bein auf das andere und hofft inständig, dass die Mutter bloß jetzt nicht hereinkommt. Eigentlich wollten sie sich um diese Zeit vor dem Eingang treffen, um in der Stadt gemeinsam Weihnachtseinkäufe zu machen. Nur, weil er ein bisschen zu früh da gewesen war, hatte er sich noch rasch Kaugummi kaufen wollen. Au wei – wenn die Mutter dies hier sieht, wird es Ärger geben! Schon deswegen, weil sie es ihm schon mehrmals ausdrücklich verboten hatte, in Geschäften herumzudribbeln.

Wenn die Leute ihn bloß nicht alle so anstarren würden! Er hat doch nichts gestohlen!

»Wollt ich nicht«, murmelt er verlegen und zieht die Schultern in der dicken Winterjacke so hoch, dass seine Hände ganz in den Ärmeln verschwinden. Ach du Schreck, jetzt kommt auch noch ein Mann im weißen Kittel auf ihn zu. Das ist bestimmt der Chef oder sowas. Philipp fühlt, wie sein Magen einen kleinen Hopser macht, als er angesprochen wird.

»Na, du Nachwuchs-Klinsmann? Was hast du dir denn dabei gedacht? » Der Mann in dem weißen Kittel legt Philipp seine Hand auf die Schulter und schüttelt den Kopf. »Junge, Junge – da hast du aber ganze Arbeit geleistet, nicht wahr? Das Dumme ist bloß, wir sind hier leider nicht auf dem Rummelplatz. Nur dort schießt man nämlich mit Bällen auf Konservendosen.«

Ein paar Leute lachen, und ein Mann ruft: »Stimmt, aber da trifft man meistens nicht so gut!«

Philipps Gesicht wird rot wie eine Tomate.

»Ich wollte das nicht«, murmelt er und schielt zur Eingangstür. Ihm ist überhaupt nicht zum Lachen zumute. »Ich hab den Turm wirklich nicht gesehen.« Er bückt sich und hebt eine Dose auf. Tomatensuppe ist drin. »Ich bau alles wieder auf, ja?«

Doch der Mann im weißen Kittel schüttelt den Kopf. »Das lass mal lieber. Das ist gar nicht so einfach wie du denkst. Nein, ich habe eine andere Arbeit für dich. Lass dich mal anschauen ...« Abschätzend mustert er Philipp von oben bis unten. »Doch, ich glaube, es könnte klappen. Komm mal mit mir!« Eilig stolpert Philipp hinter dem Mann her.

An seinen Ball denkt er nicht mehr. Auch nicht daran, dass die Mutter inzwischen vor dem Geschäft auf ihn warten könnte.

Das tut sie nämlich seit ein paar Minuten.

Sie blickt die Straße hinauf und wieder hinunter. Wo der Junge nur bleibt? Weil aber Philipp weit und breit noch nicht zu sehen ist, entschließt sie sich, rasch in den Lebensmittelmarkt zu gehen und ein Päckchen Spekulatiusgewürz zu kaufen.

Auf dem Weg zur Kasse kommt sie an dem herumliegenden Tomatensuppendosenberg vorbei. Du liebe Zeit, denkt sie mitfühlend und bleibt einen Moment stehen. Da hat aber Einer Pech gehabt – sämtliche Dosen liegen verstreut herum, geradeso, als hätte jemand seinen Einkaufswagen nicht richtig unter Kontrolle gehabt.

Gerade will sie weitergehen, da fällt ihr Blick auf den Fußball, der immer noch zwischen den Dosen liegt. Ja, aber – ist das nicht ...? Diesen Ball mit dem großen dunkelblauen ›P‹ kennt sie doch! Das kann nur Philipps Ball ... aber wo ist Philipp denn? Sie kann ihn nirgends entdecken! Hat der Junge sich etwa einfach aus dem Staub gemacht? Na, warte, mein Söhnchen ...

Ah, da drüben ist ja der Geschäftsführer. Der wird wissen, wie sich die Sache mit den Konservendosen zugetragen hat!

Doch der Geschäftsführer beruhigt Philipps Mutter. Es sei alles in Ordnung, der Junge bringe die Angelegenheit gerade selber wieder ins Reine. Nein, ein Schadensersatz für die stark verbeulten Dosen werde nicht gefordert, man habe sich bereits bestens geeinigt.

Merkwürdig, denkt Philipps Mutter, wie will

er das ohne meine Hilfe wieder in Ordnung bringen? Aber der Junge wird schon wissen, was er tut.

Sie bezahlt das Spekulatiusgewürz, steckt es in ihre Tasche und wendet sich dem Ausgang zu. Dort steht ein Nikolaus mit Kapuzenmantel und langem Rauschebart, der allen Kunden beim Verlassen des Ladens einen Prospekt und einen Apfel in die Hand drückt. Ach ja, heute ist ja Nikolaustag, denkt Philipps Mutter und findet die Idee mit dem Apfel sehr originell. Man muss sich halt als Geschäftsführer etwas einfallen lassen, wenn man seine Kunden behalten will, vor allem in der Weihnachtszeit! Der Nikolaus ist allerdings ein bisschen schmächtig geraten. In dem Mantel ist noch recht viel Platz, und auch die Beine müssen noch ein bisschen in die Hose hineinwachsen, aber die dicken Turnschuhe lassen sich trotzdem nicht ganz verbergen. Sie schauen vorwitzig und gar nicht nikoläusisch unter dem Stoff hervor – lustig sieht das aus!

In diesem Augenblick wendet sich der Nikolaus zur Seite, um einer Kundin mit einem Kinderwagen Platz zu machen. Aber das ist doch ... das gibts doch nicht – das ist ja Philipp! So also macht er den Schaden mit den Konservendosen wieder gut ... prima Kerl, ihr Junge!

Und obwohl Philipp vorhin einen ganzen

Turm aus Konservendosen umgestürzt hat, ist sie auf einmal sogar ein bisschen stolz auf ihn.

»Bekomme ich auch einen, lieber Nikolaus?« Unauffällig legt sie ihren Zeigefinger kurz auf die Lippen.

»Ja – äh – natürlich – hier!«, stottert der Philipp-Nikolaus verdutzt. Au wei, das hatte ihm noch gefehlt! Ob sie wohl schon weiß, weshalb ...? Hastig reicht er seiner Mutter einen Apfel. Hinter ihr drängen schon die nächsten Kunden. »Guck mal, Mama, der Nikolaus!«, ruft ein kleines Mädchen begeistert und zeigt auf Philipp.

Verschmitzt lächelnd steckt die Mutter den Apfel in die Tasche. »Danke – den schenk ich meinem Sohn. Der macht zwar so manche Dummheit, aber im Grunde ist er ein prächtiger Bursche!«

Uff! Erleichtert grinst Philipp unter dem dicken Rauschebart, aber ein bisschen albern kommt er sich schon vor.

❄ ❄ ❄ ❄ ❄ ❄

Was kann man alles in einen Apfel malen? Ein Gesicht oder ...

Sicher fällt euch noch mehr ein!

Volltreffer!

Unzählige winzige Schneeflocken schwebten Kevin aus dem dunklen Himmel entgegen, als er die Haustür öffnete. In der Nacht hatte es zum ersten Mal in diesem Jahr kräftig geschneit. Alle Büsche, Bäume und Wiesen sahen aus wie mit einer dicken Schicht Puderzucker bestäubt. Wie gerne hätte Kevin jetzt im Schnee gespielt, anstatt in die Schule zu gehen!

Immer darauf bedacht, auf Stellen zu treten, an denen der Schnee noch unberührt war, tappte er mit kleinen Schritten den Gehweg entlang. Von Zeit zu Zeit drehte er sich dabei nach seiner eigenen Fußspur um und freute sich, wenn ein Abdruck seiner Schuhe besonders gut gelungen war. Schade, dass der Schnee sie gleich wieder zudecken würde!

Kevin sah zum Himmel hinauf. Immer neue Flocken schwebten herab, setzten sich auf sein Kinn, seine Wangen, die Stirn und die Nase. Er spürte, wie sie auf seinem warmen Gesicht sofort schmolzen. Mit geschlossenen Augen öffnete Kevin weit seinen Mund – aaahhhhh – sie flogen mitten hinein!

»Guten Appetit!«, rief jemand und als Kevin

die Augen öffnete, sah er Johannes, den großen Junge von gegenüber. Er hatte schon ein Auto und war gerade dabei, die Scheiben freizufegen. »Nette Überraschung, der Schnee, was?«, lachte er und winkte Kevin mit dem Handfeger zu. Kevin nickte heftig. »Finde ich toll!«, rief er zurück. »Heute Nachmittag gehe ich Schlittenfahren!« Als Antwort streckte Johannes einen Daumen in die Luft. Das sollte heißen: »Super!«

Kevin setzte seine Schultasche ab, bückte sich, formte rasch einen Schneeball und warf ihn – peng! – genau vor Johannes' Autotür! Der zögerte nicht lange, griff mit den Händen eine gehörige Portion Schnee vom Kühler, zielte – und traf Kevin, der sich rasch umgedreht hatte, am Rücken. Und nun begann eine Schneeballschlacht, die es in sich hatte. Keiner stand hinter dem Anderen zurück. Blitzschnell flogen die Schneebälle hin und her! Mal trafen sie, mal trafen sie nicht, aber immer war es gut, in Deckung zu gehen. Johannes konnte gut zielen, es war gar nicht so einfach, seinen Bällen auszuweichen. Einmal, als Kevin seinen Kopf nicht rechtzeitig zur Seite genommen hatte, erwischte ihn ein Schneeball genau im Nacken. Huh – war das kalt! Aber so einfach sollte ihm Johannes nicht davonkommen! Er formte eine besonders große Kugel, zielte, warf sie mit aller Kraft – und im nächsten Augenblick rief jemand: »Ouaaaaa!!!« Leider war es nicht Johannes' Stimme, sondern die von Frau Sandmann. Frau Sandmann wohnte im Haus gegenüber. Sie war gerade nichts ahnend aus der Tür getreten, um ins Büro zu gehen, als Kevins schöner, besonders großer Schneeball ausgerechnet – buff! – mitten auf ihrer Brust landete und in einer gewaltigen Explosion zerstob!

Wie zu einer Salzsäule erstarrt stand sie nun breitbeinig da, hielt beide Arme weit von sich gestreckt, und ihr entsetztes Gesicht sah aus, als wenn jemand sie soeben mit einem frischen Kuhfladen beworfen hätte.

Natürlich war Kevin zuerst ebenso erschrocken wie Frau Sandmann, denn sein Schneeball hatte ja eigentlich Johannes treffen sollen, aber als er sie ansah, konnte er nicht anders – er lachte einfach los. Frau Sandmanns sauertöpfische Miene war wirklich zu komisch!

Jetzt schüttelte sie sich wie ein nasser Hund. Dabei drehte und wendete sie ihren Hals und beugte sich – mit spitzen Fingern an ihrem Mantel rüttelnd – weit nach vorn, um sich den Schnee von der Brust zu klopfen. Dann warf sie ihren Kopf in den Nacken und setzte kerzengerade ihren Weg fort – vorsichtig, Schritt für Schritt, denn es war ziemlich glatt an diesem Morgen.

»Entschuldigung, das wollte ich nicht!«, rief Kevin ihr zu und das stimmte ja auch. Aber Frau Sandmann drehte sich kein einziges Mal um, sondern ging hocherhobenen Hauptes schnurstracks weiter und tat so, als hätte sie nichts gehört.

Johannes hob bedauernd die Schultern und ließ sie wieder sinken. »Kann man nichts machen!«, hieß das. Aber an seinem Grinsen sah Kevin, dass er die Sache mit dem Schneeball nicht sehr schlimm fand. Eigentlich war es das ja auch nicht. Kevin kicherte vor sich hin, als er sich seine Schultasche überwarf. Eigentlich ist es sogar voll lustig gewesen! Aber nur, weil Frau Sandmann sich so pingelig angestellt hatte...

Er warf einen Abschiedsschneeball auf Johannes' Autodach und machte sich eilig auf den Weg zur Schule.

Hier ist auch eine Schneeballschlacht im Gange! Nur ein Schneeball trifft das Ziel – welcher?

In Brasilien ist alles ganz anders

»Ich will nicht mehr anprobieren! Das ist so langweilig!«, schimpft Hanna, während sie sich bemüht, den dicken Schneeoverall anzuziehen. »Das ist alles so dick und so warm und ich will jetzt überhaupt nicht mehr!«

»Ich weiß, ich weiß«, beschwichtigt die Mutter und hilft Hanna beim Schließen des langen Reißverschlusses. »Aber es geht nun mal nicht ohne Anprobe. Freu dich lieber, dass Oma und Opa dir zu Weihnachten einen neuen Schneeanzug schenken wollen. Aus dem alten bist du wirklich längst herausgewachsen!«

»Tu ich ja. Wenn bloß das blöde An- und Ausziehen nicht wäre!« Ungeduldig nestelt Hanna an dem wattierten Kragen herum. »Der ist viel zu dick, siehst du? Ich kriege ja gar keine Luft mehr!«

»Du hast Recht, hier drin ist es wirklich besonders warm.« Mit einem kleinen Ruck zieht die Mutter den Vorhang der Umkleidekabine auf. »Komm, dreh dich mal um. Ich will sehen, ob hinten alles richtig sitzt. Und die Länge – ja, die Länge ist auch gut. Was meinst du, Hanna, gefällt er dir? Sollen wir ihn nehmen?«

Hanna betrachtet sich in dem langen Spiegel. »Doch, er ist ganz nett – bloß schrecklich dick, findest du nicht?« Auf einmal dreht sie sich zur Mutter um. »Sag mal, muss ich den etwa Heiligabend anziehen, wenn Oma und Opa bei uns sind? Hoffentlich nicht, sonst kriege ich bestimmt einen Hitzschlag!«

»Na, na, ganz so schlimm wirds wohl nicht werden«, lacht die Mutter. »Aber anziehen wirst du ihn sicher mal. Schließlich wollen deine Großeltern doch sehen, ob wir das Richtige ausgesucht haben. Immerhin bezahlen sie ihn ja.« Entschlossen zieht sie den Kabinenvorhang wieder zu. »So, und nun heraus aus dem Schwitzkasten. Komm, ich helfe dir ...«

»Ja, ja, die Hitze ...« tönt auf einmal eine tiefe Männerstimme genau vor ihrer Kabine. Verwundert horchen die beiden auf.

»Wenn du in Brasilien wohnen würdest, bräuchtest du überhaupt keinen Schneeoverall. Dort können sie nämlich im Badeanzug unterm Weihnachtsbaum sitzen.«

»Wirklich?«, ruft Hanna überrascht zurück. »So warm ist es da?«

»Jawohl! Sogar so heiß, dass die Leute keine Kerzen anzünden, weil die sich verbiegen würden wie weich gekochte Nudeln!«

»Kann ich mir überhaupt nicht vorstellen«, kichert Hanna und schlüpft in ihre Jeans. »Woher wissen Sie das überhaupt?«

»Weil ich gerade von dort komme! Ich wohne nämlich in Brasilien und bin nur geschäftlich in Deutschland.«

Neugierig zieht Hanna den Vorhang zur Seite. »Und wieso können Sie so gut deutsch sprechen?«

Der hoch gewachsene bärtige Mann lacht dröhnend.

»Nun, ich bin Deutscher. Aber ich lebe schon seit 20 Jahren im Süden von Brasilien. In Candelária, genauer gesagt. Dort ist es um diese Zeit mächtig heiß, das kannst du mir glauben.« Er zwinkert Hannas Mutter zu und beugt sich vertraulich zu dem Mädchen hinunter. »Und von Geschenkerummel keine Spur! Deshalb fliege ich auch übermorgen wieder zurück!«

Hanna nickt. »Das kann ich verstehen. Ich finde Einkaufen auch schrecklich! – Aber haben Sie denn in Brasilien einen Tannenbaum?«

Wieder lacht der Mann gutmütig. Sein sonnengebräuntes Gesicht sieht dabei so zerknautscht aus wie das von Hannas Stoffhund Pelle. »Einen Baum schon, aber keinen Tannenbaum. Dort gibts nur ›Stachelpeter‹, weißt du? Das sind Pinien. Die mit den langen Nadeln und den dicken Zapfen. Tannenbäume kennt man nämlich dort, wo ich wohne, überhaupt nicht. Aber eigentlich ist das auch nicht so schlimm, denn die Menschen feiern ihr Weihnachtsfest ohnehin mehr draußen als drinnen. Der eigentliche Feiertag ist für sie der 25. Dezember. Dann treffen sie sich auf den Straßen und in den Gärten und es geht sehr fröhlich dabei zu.

Aber eine Krippe – eine Krippe mit dem Jesuskind haben sie alle. Die ist für die Brasilianer nämlich viel wichtiger als ein Tannenbaum mit Kugeln und Lametta. Die fehlt in keinem Haus. Manchmal ist sie nur ganz einfach gebaut, oftmals sogar nur aus Plastik, aber sie ist das Wichtigste. Ohne Krippe ist in Brasilien kein Weihnachten! – So, meine Damen, jetzt muss ich aber weiter. Ein gesegnetes Fest wünsche ich!«

»Ja, das wünschen wir Ihnen auch – Frohe Weihnachten!«

Sie sind mit dem Schneeanzug schon auf dem Weg zur Kasse, als Hanna sich noch einmal umdreht und hinter dem Mann herruft: »Aber wenn es immer so heiß ist in Brasilien – dann gibt es dort ja niemals Schnee zu Weihnachten!«

»Nein«, tönt es fröhlich zurück. »Niemals!«

Komisch, denkt Hanna. Sie haben keinen Tannenbaum und keinen Schnee, aber sie haben eine Krippe. Und wir – wir haben einen

Tannenbaum, und wir haben Schnee. Aber wir haben keine Krippe ...

❄ ❄ ❄ ❄ ❄ ❄

Mein *Basteltipp* für euch:

Besorgt euch von eurem Taschengeld einen riesengroßen Pinienzapfen. Den gibt es in den meisten Bastelgeschäften zu kaufen.

Besteckt ihn rundherum mit kleinen bunten Schokoladentalern. Das sieht sehr hübsch aus, und ihr habt etwas Leckeres zum Naschen!

Eine leckere Überraschung

Was macht ein kleiner Junge, wenn er an einem Samstagmorgen viel zu früh aufwacht und so hellwach ist, dass er nicht mehr schlafen kann?

Sicher gibt es viele Möglichkeiten, sich die Zeit bis zum Frühstück zu vertreiben, aber Benni, von dem ich euch jetzt erzählen will, tat dies auf eine ganz besondere Weise ...

Zuerst spielte er – wie ihr es vielleicht auch getan hättet – eine Weile mit dem Gameboy. Als ihm das zu langweilig wurde, holte er sich ein Comic-Heft ins Bett und las ein bisschen darin. Das wurde ihm aber bald auch zu langweilig, denn mit dem Lesen haperte es noch etwas. Immerhin ging Benni erst in die zweite Klasse und konnte längst noch nicht so flüssig lesen wie ihr!

Er zog sich sein Federbett bis hoch zum Kinn und dachte darüber nach, was er wohl jetzt so ganz allein machen könnte. Es musste etwas Leises sein, denn die Eltern schliefen noch. Sicher wären sie nicht begeistert davon, wenn Benni Baustelle oder Polizei spielen würde. Beides machte nämlich mächtig Krach, vor allem die Polizeisirene. Die war manchmal so laut, dass Mama sie mit einem Apfel abstellen musste, denn man kann schließlich nur eines sein: entweder Polizeisirene oder Apfelesser.

Sollte er vielleicht malen? Ach nein – zum Malen hatte er gar keine Lust.

Ja, da war guter Rat teuer, denn Benni fiel nichts Leises ein, das er spielen mochte. Überhaupt – sein Magen knurrte schon recht grimmig und wenn man hungrig ist, kann man ohnehin nicht richtig spielen.

Ob ich in die Küche gehe und schon mal Cornflakes esse? überlegte er. Und als es schon wieder so laut brummte, als säße ein dicker brauner Bär in seinem Bauch, schob Benni entschlossen seine Decke fort und angelte mit nackten Füßen nach seinen Hausschuhen.

Leise tappte er die Treppe hinunter. Unten war alles noch ganz dunkel.

Benni machte Licht in der Küche und wollte sich gerade eine Müslischale aus dem Schrank holen, da sah er etwas Interessantes auf dem Tisch liegen. Es war in Alufolie gewickelt, hatte die Form einer schrumpeligen Pampelmuse, und wenn man mit dem Finger dagegen stippte, gab es nach wie – ja, eben wie eine schrumpelige Pampelmuse.

Was war das bloß für ein seltsames Ding? Ob man es wohl mal auswickeln darf? Das war eine wichtige Frage, denn schließlich war ja bald Weihnachten. Das komische Ding könnte eine Überraschung für ihn sein. Dann wäre es wohl besser, es lieber nicht auszupacken. Was aber, wenn es doch keine Überraschung wäre? Wenn es einfach bloß – na ja, vielleicht eine Art Kuchen wäre?

Zur Sicherheit stippte Benni noch einmal mit seinem Zeigefinger gegen das silbrige Ding. Ja, bestimmt war es ein Kuchen. Und Kuchen darf man doch wohl auspacken, oder etwa nicht? Vor allem, wenn man so hungrig ist wie er!

Und ruck-zuck wickelte er das Ding aus der Folie. Zum Vorschein kam eine dunkelbraune schrumpelige Kugel. Hhm, roch die lecker! So nach Zimt und anderen guten Gewürzen – irgendwie nach Weihnachten eben. Er hatte Recht gehabt, es war wirklich etwas zum Essen. Wie es wohl schmecken mochte, das braune Zeug?

Mit zwei Fingern knibbelte Benni ein bisschen ab und probierte es. Hhm – das war gut! Es schmeckte irgendwie nach – nach – ja, genau: nach seinen Lieblingsplätzchen ... das war Plätzchenteig – und dort lag ja auch das Rezept!

Benni kam sich vor wie ein richtiger Detektiv. Mama hatte also den Teig für seine Lieblingsplätzchen gestern Abend schon vorbereitet, um sie heute zu backen! Aber dann könnte er sie doch eigentlich überraschen und jetzt ... genau! Ihr habt richtig geraten! – Er nahm sich vor, die Plätzchen selber zu backen. Jetzt gleich, bevor Mama aufwachte.

Wie man das machen musste, wusste Benni noch vom letzten Jahr. Damals hatte er die Plätzchen unter Mamas Anleitung gebacken. Heute wollte er es ganz allein schaffen!

Er stellte zuerst den Backofen an, und zwar auf 175 ° – genauso, wie es im Rezept stand.

Dann teilte er den Teig in zwei Stücke, wie er es im vergangenen Jahr bei Mama gesehen hatte, und rollte beide zu walnussdicken Würsten.

Er holte sich ein Backblech, schnitt Backpapier von der Rolle ab, legte es auf das Blech und nun begann der schönste Teil des Plätzchenbackens:

Benni schnitt Scheibchen für Scheibchen von der einen Teigwurst ab, rollte daraus zwischen den Handflächen kirschgroße Kugeln und setzte diese nacheinander – immer mit genügend Abstand – auf das Blech. Er formte so viele Kugeln, bis das Blech voll war.

Jetzt noch die Nüsse, die gehören unbedingt darauf! Benni holte aus Mamas Schrank mit den Backzutaten eine Tüte mit Haselnüssen. Na, warum ließ sie sich denn nicht öffnen?! Ungeduldig zerrte Benni an der Tüte. Solange, bis sie – peng! – auseinander riss und sämtliche Nüsse über den Küchenboden kollerten. Sowas Dummes! Rasch griff Benni nach dem Brotkorb, bückte sich, kroch unter den Tisch, zwischen den Stühlen herum in die Ecke mit dem Altpapier und sammelte alle Nüsse hinein. Gut, dass die Mutter erst gestern in der Küche gewischt hatte. Da konnten die Nüsse bestimmt nicht allzu schmutzig sein!

Kräftig blies Benni einmal in den Korb. So – jetzt war bestimmt auch kein Staub mehr dran.

Geschickt legte er eine Nuss nach der anderen auf die Kugeln und drückte sie vorsichtig an: nicht zu tief – nur ein kleines bisschen ...

So, und jetzt ab in den Ofen. Vorsicht – er ist heiß!

Fünfzehn Minuten müssen die Plätzchen backen. Benni stellte den Küchenwecker und machte sich wieder an die Arbeit. Er hatte ja noch Teig genug für ein zweites Blech.

Seinen Hunger hatte Benni ganz vergessen, so beschäftigt war er.

Es roch inzwischen wunderbar in der Küche – genauso wie es immer riecht, wenn Mama Plätzchen backt!

Als der Wecker klingelte, war das zweite Blech schon fix und fertig vorbereitet. Nun mussten aber rasch die Plätzchen aus dem Backofen geholt werden. Oh – daran hatte Benni ja überhaupt nicht gedacht! Der Ofen war doch so heiß – wie sollte er denn das Blech herausbekommen? Hineinschieben geht viel leichter als herausholen! Neben der Spüle hingen zwar Mamas Topflappen, aber die waren ja viel zu klein, bestimmt würde er sich an dem heißen Blech verbrennen!

Auf einmal war Benni schrecklich aufgeregt. Die Plätzchen durften doch nicht schwarz werden – jemand musste sie herausholen! – Hilfe!

Papa! Papa muss sie herausholen!

Wie die Feuerwehr sauste Benni die Treppe zum Elternschlafzimmer hinauf und rüttelte an Papas Arm. »Aufstehen, Papa!« flüsterte er ihm ins Ohr. »Du musst mir helfen! Die Plätzchen verbrennen sonst!«

Im Nu war der Papa hellwach!

Was meint ihr wohl, wie schnell er aus dem Bett gesprungen ist! Zum Glück schlief Bennis Mama so fest, dass sie nichts davon bemerkte.

Hand in Hand stürmten die beiden so eilig die Treppe hinunter, dass Benni dabei einen Hausschuh verlor, aber das war ihm ganz egal. Es wurde höchste Zeit! Die Plätzchen im Ofen waren schon ziemlich braun. Als Papa das sah, raufte er sich die Haare und rief: »Ach, du dickes Ei!« Dann schnappte er sich geschwind die Topflappen und holte das Blech heraus. Puh – geschafft!

Kurzerhand schüttete er die Plätzchen einfach auf den Küchentisch.

Bevor er etwas sagen konnte, pustete Benni ganz schnell ein Plätzchen kalt und hielt es ihm hin. »Probier mal!«

Papa kostete es, rieb sich den Bauch, und sagte augenzwinkernd: »Schmeckt ausgezeichnet, wirklich ausgezeichnet – du Schlingel!«

Da platzte Benni fast vor Stolz!

Ganz vorsichtig schob er das zweite Blech in den Ofen, und bis der Wecker klingelte, aßen er und sein Plätzchenretter gemütlich eine große Portion Cornflakes und dazu natürlich ein paar köstliche ... genau!

Mama freute sich später so sehr über die gelungene Überraschung, dass sie am liebsten alle Plätzchen ganz alleine verputzt hätte! Aber noch mehr freute sie sich darüber, dass Benni nicht unvorsichtig gewesen ist, sondern dass er seinen Papa im richtigen Moment zu Hilfe geholt und sich nicht verbrannt hatte!

Bennis Lieblingsplätzchen heißen übrigens »Spitzbuben«. Hier ist das Rezept – vielleicht möchtet ihr sie auch mal backen?

Spitzbuben

125 g Margarine
2 Päckch. Vanillezucker
125 g Zucker
Alles zusammen schaumig rühren.

125 g Mehl, vermischt mit
1/2 Teel. Backpulver hinzugeben.

125 g geriebene Nüsse oder Mandeln
1 Eßl. Zimt
1 Eßl. Kakao daruntermischen.

(ganze Nüsse zum Verzieren!)

Backen bei 175 ° – ungefähr 15 Minuten.

Lasst euch beim ersten Mal auf jeden Fall von einem Erwachsenen helfen, damit euch der Teig gelingt und ihr euch nicht verbrennt! Vielleicht klappt es dann später auch ganz ohne Hilfe!

Ein Herz für Gott

»Anja – Kind, wo bleibst du denn? Du musst doch in die Schule!« Mutters Stimme klingt ärgerlich. Kein Wunder, schließlich hat sie schon dreimal vergebens nach der kleinen Tochter gerufen.

Anja steht im Kinderzimmer und schaut aus dem Fenster. Ach, es ist einfach so super, die dicken Schneeflocken zu beobachten, die seit gestern Abend pausenlos vom Himmel tanzen! Wie weiße Watte legen sie sich sanft auf Wiesen, Zäune, Bäume und Häuser, sodass es aussieht, als wäre die Erde unter einer riesengroßen frischbezogenen Bettdecke verschwunden.

Schweren Herzens reißt sich Anja von dem wunderbaren Anblick los, rennt in die Diele und schlüpft in ihren dicken Anorak. Mit Schwung landet die Schultasche auf dem Rücken. Jetzt wird es aber wirklich Zeit!

Während sie eilig die knallroten Handschuhe überstreift, drückt sie der Mutter, die ihr bereits die Wohnungstür aufhält, einen flüchtigen Kuss auf die Wange. »Tschüs, Mama – bis nachher!« Schon saust sie die Treppe hinunter.

Draußen schneit es heftiger als vorhin. Die

Flocken sind zwar kleiner geworden, aber dafür wirbeln noch viel mehr vom Himmel herunter. Am liebsten würde Anja einfach hier im Vorgarten stehen bleiben, die Arme ausbreiten und sich einschneien lassen wie dort drüben das Vogelhaus.

Probeweise breitet sie wirklich die Arme aus – ganz weit.

Wie rasch der Schnee sich auf den Anorakärmeln ansammelt! Im Nu sehen sie obendrauf ganz weiß aus und nicht mehr bunt.

Es ist, als hätte jemand kräftig die Erde geschüttelt! So müssen sich Hänsel und Gretel in ihrer Schneekugel fühlen, die ihr Maria geschenkt hatte! Anja kichert leise bei dem Gedanken.

Ihre Augen wandern bewundernd über die kleine Wiese neben dem Fußweg. Weiß und weich ist sie zugedeckt. Kein einziges Hälmchen Gras schaut hervor. Sie hebt ihren Fuß in dem dicken Winterstiefel und setzt ihn vorsichtig auf die Wiese. Als sie ihn zurücknimmt, bleibt ein sauber umgrenzter Abdruck zurück.

Noch einmal tritt sie ins Gras, und noch einmal und noch einmal und noch viele Male – bis sie mit ihren Füßen ein ganz großes Herz in den Schnee gemalt hat. Es ist zwar ein bisschen schief geworden, aber man erkennt sehr gut, dass es ein Herz ist. Oder kann man es vielleicht noch besser erkennen, wenn es ganz ›ausgemalt‹ ist? Schon beginnt Anja, das Herz mit ihren Fußstapfen Stückchen für Stückchen auszufüllen. Das ist viel Arbeit, und es dauert ziemlich lange, bis sie fertig ist, aber am Ende sieht es wunderschön aus!

Anja tritt zurück auf den schmalen Fußweg und betrachtet ihr Werk. Niemand, wirklich niemand hat eine so hübsche Wiese! In Gedanken beschließt sie, das Herz Gott zu schenken. Schließlich ist er es ja, der den schönen Schnee auf die Erde schickt!

Dass sie an diesem Morgen zu spät zur Schule kommt, könnt ihr euch sicher denken, nicht wahr? Natürlich erklärt Anja ihrem Lehrer, dass sie dringend zuerst das Herz auf die Wiese malen musste, aber leider hat er gar kein Verständnis dafür. Er gibt Anja als Strafe fürs Zuspätkommen sogar eine Extraaufgabe als Hausarbeit auf. Doch Anja ärgert sich nicht darüber. Sie hat ja das Herz für Gott gemacht, und der freut sich ganz bestimmt!

Hier ist auch ein Herz – könnt ihr lesen, was darin geschrieben steht? Leider hat jemand die Abstände zwischen den einzelnen Wörtern weggelassen und sich auch nicht um Groß- und Kleinschreibung gekümmert!

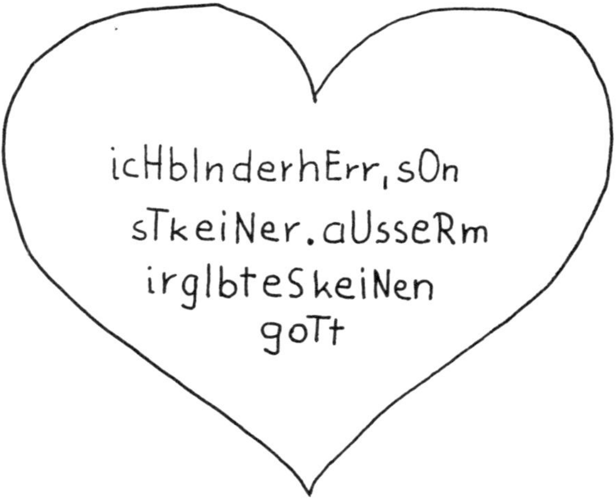

Hoppel darf nicht frieren

»Hier, Hoppel – friss! Ich habe eine leckere Möhre für dich und sogar einen Apfel, den magst du doch besonders gern!« Geduldig versuchte Julia, ihren kleinen grauen Stallhasen aus seiner Schlafhöhle zu locken, doch Hoppel schien es bei dem nasskalten Wetter in seinem warmen Nest viel besser zu gefallen. Nicht einmal die köstlich duftenden Leckerbissen konnten ihn dazu bewegen, seinen vorgewärmten Platz zu verlassen.

»Dir ist es heute viel zu ungemütlich, nicht wahr?«, redete Julia leise auf ihn ein. »Du magst den dummen Wind und den Regen überhaupt nicht, das kann ich gut verstehen. Mir gefällt es auch nicht.« Mit einer Möhre klopfte sie jetzt gegen Hoppels Schlafkasten, doch der kleine Hase hatte wohl anscheinend überhaupt keinen Hunger. Er ließ sich nicht blicken, rumorte nur ein bisschen in seinem Stroh herum.

Seufzend gab Julia auf. Sie legte ihm Möhre, Kohlrabigrün und Apfel vor die Luke seines Schlafkastens. »Hier – damit du's dir später holen kannst! Ich krieg manchmal abends noch einmal Hunger, bevor ich schlafen gehe – vielleicht ist das bei dir ja auch so!«

Die Schnurrhaare des Hasen zitterten. Julia konnte sie in der runden Öffnung des Schlafkastens deutlich erkennen. Ja, wenn jetzt Sommer wäre, könnte Hoppel wieder im Freigehege seine lustigen Hakensprünge vollführen! Er könnte aufregende Düfte erschnuppern, frisches Gras mümmeln und nach Herzenslust Löcher in die Wiese graben. Stattdessen hockte er ganz allein in seinem Stall.

Ob der kleine Kerl heute Nacht wohl hier draußen frieren wird? Ganz bestimmt sogar, gab sich Julia selbst zur Antwort. Es soll ja sogar Frost geben, hat Mama gesagt.

Bestimmt wird er krank, oder – noch schlimmer – vielleicht erfriert er sogar, wenn er in seinem Stall bleibt!

Unschlüssig öffnete Julia die Tür zu dem kleinem Geräteschuppen. Ob hier etwas ist, das Hoppel wärmen könnte? Vielleicht die alte Gartenstrickjacke von Papa dort drüben. Im Winter braucht er sie ja nicht. Ob sie die einfach in den Stall legt? Papa würde sie bestimmt nicht vermissen. – Ach nein, lieber nicht. Hoppel könnte sie mit seinen spitzen Nagezähnen kaputtreißen, und dann würde Papa sicher böse werden.

Es musste doch noch eine andere Möglichkeit geben, den kleinen Hasen vor der Kälte zu schützen, oder nicht?

Als Julia ratlos die Tür des kleinen Schuppens schloss, riss ihr eine wilde Windböe die Kapuze vom Kopf und nahm ihr für einen Moment den Atem. Es hatte wieder zur regnen begonnen. Diesmal mischten sich sogar dicke Schneeflocken darunter, als wollten sie sagen: »Platz da, Regen – jetzt kommen wir!« Der Wind hatte gedreht und wehte nun beides erbarmungslos in Hoppels Stall.

»Was sollen wir bloß machen, Hoppel?«, rief Julia besorgt. »Dein Stall wird ja von innen ganz nass!« Rasch hängte sie die Tränke mit dem frischen Wasser wieder an die Maschendrahttür. Ihre Finger waren schon ganz steifgefroren. Sie schüttelte sich heftig und zerrte die Kapuze wieder zurecht. »Huh – ist das kalt! Ach Hoppel, am liebsten würde ich dich einfach mitnehmen in mein Zimmer!«

Natürlich – das wäre doch die Lösung! Wenn Hoppel über Nacht im Kinderzimmer bliebe, könnte er nicht frieren! Der Gedanke gefiel Julia. Ja, sie würde ihren kleinen Freund ausnahmsweise mitnehmen ins Haus. Gut, dass die Eltern zum Einkaufen in die Stadt gefahren sind! Sie hätten es nämlich bestimmt nicht erlaubt. Kurz entschlossen hob Julia den Schlafkasten samt Hoppel aus dem Holzstall und rannte zum Haus zurück. Gleich morgen früh vor der Schule würde sie ihn heimlich wieder nach draußen bringen, das nahm sie sich ganz fest vor. Aber in dieser Nacht sollte Hoppel es einmal so richtig schön warm haben! Was danach geschehen könnte, würde sie sich später überlegen.

Als sie die Terrassentür mit dem Ellbogen aufstieß und wieder ins Wohnzimmer schlüpfte, beschlug ihre Brille im Nu. Ungeduldig setzte sie den Kasten mit Hoppel auf dem Teppich ab, um sich die Gläser flüchtig mit den Zeigefingern freizuwischen. Dann schloss sie die Tür, nahm ihn wieder hoch und trug ihn sofort die Treppe hinauf in ihr Zimmer.

»So, Hoppelchen, hier wohne ich. Siehst du – dort ist mein Bett!«

Als würde sich der kleine Hase tatsächlich dafür interessieren, steckte er neugierig sein Schnäuzchen aus dem Schlafkasten und schnupperte mit zitternden Schnurrhaaren in die Luft.

»Ich schieb dich jetzt darunter. Mama und Papa dürfen dich nämlich nachher nicht bei mir erwischen, weißt du. Sie sagen, Stallhasen gehören nach draußen in den Stall. Außerdem finden sie, dass du stinkst. Du brauchst aber deshalb nicht beleidigt zu sein. Ich finde nämlich, du riechst prima. Jedenfalls viel besser als Mamas Zigaretten!

Wenn du willst, kannst du dich aber erst ein

bisschen umsehen, hörst du? Mama und Papa bleiben bestimmt noch eine Weile fort!«

Das tat Hoppel nur zu gern. Er knabberte an Julias Rucksack, probierte ein Fetzchen Tapete, lugte – auf den Hinterbeinen stehend – neugierig in den Papierkorb und hoppelte durch einen schmalen Spalt unternehmungslustig in Julias Kleiderschrank. Und dort tat er noch etwas: Er ließ nämlich unbemerkt viele kleine trockene Hasenköttelchen fallen, und zwar ausgerechnet zwischen Julias Strumpfhosen ...

Als die Eltern am Abend zurückkamen, lag Julia schon gewaschen und mit geputzten Zähnen im Bett. Sie hatte lange mit Hoppel gespielt, ihn zwischendurch mit Knäckebrot gefüttert, hatte ihm aus einem spannenden Buch vorgelesen und dabei aufgepasst, dass er nicht das Kabel ihrer Schreibtischlampe anknabberte. Jetzt waren sie beide müde. Der kleine Hase war sogar freiwillig in seine Schlafhöhle zurückgehoppelt und schien sich nun von seinem aufregenden Ausflug auszuruhen. Damit er später nicht unbemerkt ausbüxen konnte, hatte Julia sein Schlupfloch mit einem Topfuntersetzer aus Drahtgeflecht versperrt.

Mama und Papa kamen herein, gaben Julia noch einen Gutenachtkuss, und es war alles wie an jedem Abend. *Fast* wie an jedem Abend, denn in dieser Nacht schlief außer ihrer kleinen Tochter noch jemand im Kinderzimmer, aber das konnten die Eltern nun wirklich nicht ahnen ...

Es gelang Julia auch am nächsten Morgen tatsächlich, noch vor der Schule den Kasten mit Hoppel wieder nach draußen in den Garten zurückzuschmuggeln, ohne dass Mama oder Papa es bemerkten.

Alles hätte also ein großes Geheimnis bleiben können, wenn nicht – wenn nicht – ja, wenn nicht die Mutter kurz vor dem Mittagessen drei frisch gewaschene Strumpfhosen ins Kinderzimmer gebracht und zu den anderen gelegt hätte. Dabei entdeckte sie nämlich auf einmal ein geheimnisvolles kleines dunkles Knüddelchen, und noch eins – und noch eins – und noch eins! Sieben kleine merkwürdige dunkle Knüddelchen lagen zwischen Julias Strumpfhosen, als hätte sie jemand dort im Vorbeigehen verloren. Wer dieser Jemand nur gewesen sein konnte, war allerdings nicht allzu schwer zu erraten – schließlich ist ein Kinderkleiderschrank kein Wald, in dem lauter wilde Häschen nach Herzenslust herumzuhoppeln pflegen. Denn dass es sich um Hasenköttelchen handelte, hatte Julias Mutter natürlich sofort erkannt!

So kam es, dass Julia sich wenig später beinahe vor Schreck an ihrem Apfelpfannkuchenbissen verschluckte, als die Mutter beim Essen wie aus heiterem Himmel ganz unvermittelt sagte: »Ach, übrigens, Julchen – schöne Grüße von deinem Hoppel. Er lässt dir sagen, du hättest wirklich wunderschöne Strumpfhosen in deinem Kleiderschrank!«

Julia fiel glatt ihre Gabel aus der Hand! Sie blickte mit einem so verdutzten Gesicht von einem zum anderen, dass die Eltern unmöglich ernst bleiben konnten und herausplatzten vor Lachen.

Am Nachmittag haben Julia und ihre Mutter dann eine große Tüte voll Stroh für Hoppel geholt, damit er sich in seinem Stall eine muckelig warme Hasenwinterhöhle bauen konnte.

Natürlich gehören Hasenköttelchen nicht in einen Kleiderschrank! Aber hier haben sich auch drei Dinge eingeschlichen, die zwischen den anderen gar nichts zu suchen haben – findest du sie?

Mütze
Schal
Sandalen
Anorak
Handschuhe
Shorts
Stiefel
Badehose
Ohrenschützer
Schneeanorak

Kati hat eine gute Idee

Kati wohnt in dem Hochhaus, gleich um die Ecke. Sicher kennt ihr es. Man kann es gar nicht übersehen, denn es ist so hoch wie kein anderes in der Stadt. Wenn man vom obersten Balkon hinunterspuckt, dauert es fünf Sekunden, bis die Spucke unten ankommt, und das ist wohl eine ganz schön lange Zeit.

Die Mieter in dem Hochhaus kennen sich nicht besonders gut. Das liegt wahrscheinlich daran, dass sie sich nicht allzu oft sehen. Viele von ihnen sind nämlich berufstätig. Ihre Wohnungen stehen tagsüber leer und wenn sie nach Hause kommen, haben sie keine Lust mehr, sich mit den Nachbarn zu unterhalten. Andere sind alt und gehen nur noch spazieren, wenn die Sonne scheint und es nicht zu kalt draußen ist. Ja, und dann sind da natürlich noch ein paar Familien mit Kindern. Die kennen sich untereinander am besten, weil ihre Kinder entweder öfter miteinander spielen oder sich manchmal gegenseitig verhauen.

Von allen Nachbarn mag Kati aber Herrn Schliesing am liebsten. Herr Schliesing ist schon lange Rentner. Er ist gehbehindert und kann seine Wohnung nur in einem Rollstuhl verlassen. Manchmal kauft Kati für ihn ein, damit er nicht wegen Butter oder einer Flasche Saft hinunter auf die Straße muss. Kati und Herr Schliesing sind inzwischen richtige Freunde geworden. Wenn Kati eine Rechenaufgabe nicht herausbekommt, nimmt sie ihr Heft und geht hinüber zu ihm, denn er wohnt auf demselben Flur. Herr Schliesing ist früher Buchhalter gewesen, hat er ihr mal erzählt. Als Buchhalter muss man ganz viel rechnen, deshalb kann er ihr auch immer helfen.

Es ist sehr gut, dass Kati Herrn Schliesing als Freund hat, denn ihre Mutter ist oftmals nicht zu Hause, weil sie als Aushilfe in einer Bäckerei arbeitet. Mit neun Jahren ist man zwar schon groß genug, um nachmittags mal ein bisschen allein zu bleiben, aber Kati findet das langweilig. Viel lieber geht sie zu Herrn Schliesing und sieht ihm beim Schnitzen zu. Er kann wunderbare Figuren schnitzen, aber am tollsten macht er Tiere. Rehe, zum Beispiel, und Pferde und Hunde. Gestern hat er ein Schaf fertiggeschnitzt. Es sieht ganz echt aus, so richtig dick und wollig, obwohl es aus Holz ist. Am liebsten hätte Kati es mitgenommen. Aber Herr Schliesing wollte es selber behalten, denn es soll zu seiner Weihnachtskrippe gehören, an der er nun schon seit ein paar Monaten arbeitet.

»Wo willst du denn eigentlich die Weihnachtskrippe hinstellen, Herr Schliesing?«, erkundigt sich Kati und blickt sich im Wohnzimmer um. »Hier ist doch überhaupt kein Platz für eine so schöne große Krippe!«

Herr Schliesing lacht. »Das habe ich mir auch schon überlegt. Aber weißt du, es hat halt so viel Spaß gemacht, die ganze Schnitzerei und so – ich hab einfach nicht aufhören können! Nun ist die Krippe fast fertig, und ich habe eigentlich gar keinen Platz dafür. Das ist wirklich dumm, du hast Recht. Was meinst du – paßt sie vielleicht auf die Fensterbank? – Nein, dazu ist sie wohl doch zu breit. Tja, ich werde sie wohl mitten auf den Tisch stellen müssen.«

Doch da schüttelt Kati so heftig den Kopf, dass ihr blonder Pferdeschwanz nur so fliegt. »Aber das geht doch nicht! Wo sollen wir denn dann Spiele machen und rechnen und malen?«

»Das stimmt«, gibt Herr Schliesing zu, »daran hatte ich nicht gedacht.« Er hebt die Schultern und zeigt auf das Jesuskind, die Maria, den Josef und all die Tiere. »Was soll ich jetzt bloß mit denen machen?«

Obwohl Kati und Herr Schliesing lange darüber nachdenken und sogar den Fernseher gemeinsam ein wenig nach links verrücken, finden sie keinen Platz für den wunderschönen selbstgebauten Stall und die geschnitzten Figuren.

»Bei uns würde sie hinpassen«, überlegt Kati laut. »Wir haben eine Menge Platz im Wohnzimmer. Die Krippe könnte neben dem Tannenbaum auf dem kleinen Schränkchen stehen. – Aber du, Herr Schliesing, müsstest auch bei uns sein!« Auf einmal ist Kati ganz aufgeregt. »Mensch, Herr Schliesing, wär das nicht toll? Ich werde Mama gleich fragen, ob du Heiligabend bei uns sein kannst. Dann bist du hier nicht so allein und ich könnte dir sofort alles zeigen, was ich geschenkt bekomme. Deine schöne Krippe hätte viel Platz und alle könnten sie sehen – sogar meine Oma! Die ist nämlich Weihnachten immer bei uns.«

Zuerst will Herr Schliesing nicht zustimmen, denn er denkt, dass er drüben stören könnte, aber als Kati entrüstet ruft: »Du bist doch sogar ein bisschen mein Opa!« da wird sein Gesicht ganz rot vor Freude und er erlaubt ihr, die Eltern zu fragen.

Denen gefällt Katis Vorschlag sehr gut, denn sie wollten Herrn Schliesing schon lange einmal einladen. Sie hatten es bloß immer wieder vergessen.

So feiern sie gemeinsam den Heiligen Abend und die Krippe von Herrn Schliesing steht neben dem Tannenbaum auf dem kleinen Schränkchen – genauso, wie Kati es sich vorgestellt hatte. Sie sieht wirklich sehr schön aus und alle bewundern sie. Oma sagt sogar: »Ich habe noch niemals eine so schöne Krippe gesehen!« Sie singen zusammen Weihnachtslieder, essen nach der Bescherung Mamas Heringssalat und belegte Brötchen, spielen gemeinsam mit dem neuen Spiel, das Kati geschenkt bekommen hat, und Herr Schliesing stört überhaupt kein bisschen.

❄ ❄ ❄ ❄ ❄ ❄

Bestimmt war der Tisch sehr festlich geschmückt . Hast du Lust, für deine Familie Serviettenringe zu basteln? Sie könnten so aussehen:

Fertige dir eine vergrößerte Schablone nach der Zeichnung an. Schneide nun mit ihrer Hilfe so viele Serviettenringe aus, wie du für deine Familie benötigst.

An den gestrichelten Linien schneidest du ein.

Lege die Formen jeweils um eine gerollte Serviette und schiebe sie an den Schnittstellen ineinander. Wenn du möchtest, kannst du die Sterne jetzt noch mit Glimmer oder Aufklebern verzieren.

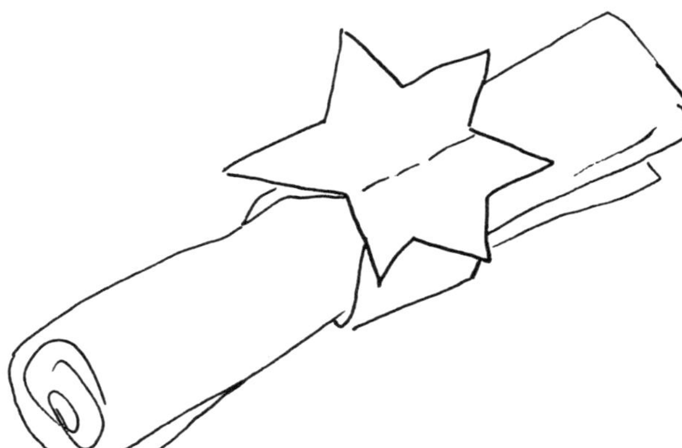

Alica

Seit ein paar Wochen geht Alica in unsere Klasse, obwohl sie schon zehn Jahre alt ist. Ich bin erst acht. Ich bin hier in Deutschland geboren. Alica nicht. Alica kommt aus dem Kosovo. Das liegt im ehemaligen Jugoslawien. Sie ist mit ihren Eltern – so hat es uns unsere Lehrerin erklärt – aus ihrem Land geflüchtet, weil dort Krieg und bittere Not herrschen.

Alica darf mit ihrer Familie so lange hier bei uns in Deutschland leben, wie der Krieg in ihrer Heimat dauert. Sobald er vorbei ist, müssen alle wieder zurück – Alica, ihre Mutter, ihr Vater und ihre drei kleinen Geschwister.

Sie wohnen im Asylantenheim. Das ist in der Bernauer Straße, gleich hinter der ehemaligen Kaserne. Früher war das Asylantenheim eine Grundschule.

Heute leben viele Menschen darin. In jedem Zimmer wohnt eine ganze Familie. Sie kommen aus Weißrussland, aus dem Iran, aus Nigeria, aus Kroatien und aus dem Kosovo, wie Alica. Sie alle haben einen Asylantrag gestellt, weil sie eine Zeit lang hier in Deutschland bleiben wollen, manche von ihnen sogar für immer.

Alica wollte das nicht. Aber das ist auch kein

Wunder: Alles war fremd, ihre Freunde sind im Kosovo zurückgeblieben und unsere Sprache verstand sie anfangs auch nicht. Das ist ungefähr so, als müsste ich plötzlich nach Spanien ziehen. Ich hätte bestimmt schreckliches Heimweh!

Alica konnte, als sie zum ersten Mal in unsere Klasse kam, nur ganz wenige deutsche Wörter sprechen, aber meistens sagte sie überhaupt nichts. Sie saß ganz still auf ihrem Stuhl und nach der Schule rannte sie immer sofort zurück zu ihren Eltern. Bestimmt fürchtete sie sich vor uns.

Unsere Lehrerin war aber sehr lieb zu Alica, und uns hatte sie aufgefordert, ihr gleich zu helfen, wenn sie etwas nicht verstand. Das haben wir Kinder natürlich gern getan. Ich habe ihr sogar am meisten geholfen, schließlich sitze ich ja direkt neben Alica.

Einmal habe ich ihr den Schulranzen nach Hause getragen. Alica war nämlich beim Spielen böse hingefallen und hatte sich den Arm verletzt.

»Komm, ich helf' dir«, habe ich nach dem Unterricht zu ihr gesagt. Dann habe ich einfach ihren bunten Anorak vom Haken genommen und ihn ihr hingehalten. Alica ist vorsichtig hineingeschlüpft und dann sind wir zusammen zur Bernauer Straße spaziert.

Wir haben den ganzen Weg über kein einziges Wort geredet, aber als wir angekommen sind, sind wir schon fast Freundinnen gewesen. Ich habe „Tschüs, bis morgen!« zu ihr gesagt, und Alica hat ganz leise geantwortet: »Bis mogen!«, aber ich habe es trotzdem verstanden.

Am nächsten Tag habe ich schon vor ihrer Haustür gewartet, als Alica heraus kam. Wir sind zusammen zur Schule gegangen, und als der Unterricht zu Ende war, sind wir den Weg wieder zurückgelaufen. So ging es bis heute. Jeden Tag haben wir dabei ein bisschen mehr geredet, und Alica hat ganz viele neue Wörter gelernt. So viele, dass sogar unsere Lehrerin gestaunt hat!

Manchmal begleite ich Alica bis in ihr Zimmer. Ihre Mutter kann einen tollen Gewürzreis kochen. Einmal hat sie mir einen Teller voll davon angeboten, weil ich so mit der Nase in der Luft herumgeschnuppert hatte. Als ich dann am Tisch saß, haben alle um mich herumgestanden und mir beim Essen zugeschaut – die ganze Familie: Alicas Mama, ihr Papa, ihre kleine Schwester und ihre beiden Brüder. Das war vielleicht komisch! Aber es hat prima geschmeckt. Als ich fertig war, haben alle gelacht und vor Freude in die Hände geklatscht – ich auch. Nachher hab ich zu Hause kein bisschen von Mamas Erbsensuppe essen können, so satt bin ich gewesen!

Heute war es genau umgekehrt. Heute hat Alica mich nämlich zum ersten Mal besucht. Meine Spielsachen haben ihr gut gefallen, aber am schönsten fand sie unseren Adventskranz mit den dicken roten Kerzen.

»Die Lampe ist schön!«, hat sie gerufen, als Mama die Kerzen angezündet hatte. Da haben wir gelacht und ihr erklärt, dass es ›Kerzen‹ heißt. Wir haben zusammen Bratäpfel gegessen und ganz lange miteinander gespielt. Es ist sehr kuschelig und gemütlich gewesen, und wir haben alles verstanden, was wir gesagt haben.

Aber das Allerschönste kommt noch:

Als Mama nämlich Alica gefragt hat, ob es ihr inzwischen hier bei uns in Deutschland besser gefällt, hat sie mich umarmt und gesagt: »Ja – gefällt mir gut!« Dabei hat ihre Stimme ganz fröhlich geklungen.

Ich glaube, jetzt hat Alica nicht mehr so oft Heimweh. Bestimmt, weil ich ihre Freundin geworden bin!

Spielt doch mal mit Nüssen!

Malt euch auf ein langes Stück Tapete eine große Zielscheibe. Jeder Kreiszwischenraum bekommt eine Punktzahl. Natürlich ist die höchste Punktzahl in der Mitte. Jetzt stellt euch an den Anfang der Tapetenbahn und rutscht eure Nüsse abwechselnd über das Papier in Richtung Zielscheibe. Die höchste Punktzahl gewinnt.

Um die eigenen Nüsse besser wieder erkennen zu können, malt ihnen einfach farbige Punkte auf.

Sterne für die Vögel

»... und als die Vögel sahen, wie hell der Weihnachtsstern leuchtete, breiteten sie ihre Flügel aus und flogen voller Freude dem strahlenden Licht entgegen.«

Mit diesen Worten klappt Tante Bette leise das dicke Buch zu.

Einen Moment lang ist es ganz still, so gut hat Carina die Geschichte von den Weihnachtsvögeln gefallen. Dann reckt und streckt sie sich auf dem Sofa wie eine junge Katze. »Das war schöööön! Schade, dass die Geschichte schon zu Ende ist! Kannst du mir nicht noch eine vorlesen, Tante Bette?«

Doch die Tante schüttelt lachend den Kopf. »Nein, mein Mädchen. Jetzt kann ich wirklich nicht noch länger vorlesen. Ich habe ja schon einen ganz lahmen Mund!«

»Auch nicht eine winzig, winzig kleine Geschichte?«, bettelt Carina und streichelt die Hand der Tante.

»Nein, Schatz. Auch nicht eine winzig, winzig kleine. Aber ich mache dir einen anderen Vorschlag: Lass uns doch zusammen ein paar Sterne machen!«

Carina zuckt mit den Schultern und zieht die Nase kraus. »Ach nein – das ist langweilig. Wir haben doch schon in der Schule so viele Sterne gebastelt, und im Kindergottesdienst auch. Was soll ich denn mit noch mehr Sternen? An meinem Fenster ist gar kein Platz mehr!«

»Oh, ich dachte dabei auch nicht an uns, sondern eher an die Vögel draußen«, erklärt Tante Bette. Sie steht auf und stellt das Weihnachtsbuch zurück ins Regal.

»An die Vögel? Wir sollen den Vögeln Sterne basteln?« Das kann sich Carina aber nun wirklich nicht gut vorstellen. »Aber wenn es regnet, weichen sie doch auf und werden ganz schlabberig!«

»Stimmt, du kleiner Schlaumeier!« Lachend fährt Tante Bette Carina durch die blonden Haare. »Papiersterne würden ganz bestimmt schlabberig werden. Aber ich spreche doch von Futtersternen! Die sind aus hartem Fett und Körnern. Wir könnten sie für die Vögel in die Bäume hängen. Würde dir das nicht Spaß machen? Komm, wir sehen mal nach, ob ich alles dafür im Haus habe!«

Jetzt wird Carina hellhörig. »Futtersterne? Wie macht man denn die?« Schwups – schon rutscht sie vom Sofa und läuft Tante Bette in die Küche nach. Sie durchsuchen die kleine Vorratskammer nach Vogelfutter. »Ich weiß genau, dass ich etwas gekauft habe«, murmelt Tante Bette, während sie Töpfe und

Schüsseln zur Seite stellt und mit langem Hals in alle Winkel lugt. »Wo hab ich's nur hingetan? – Aah, hier! Siehst du, hier ist eine große Tüte voll! Jetzt brauchen wir nur noch den Rindertalg. Nimmst du ihn mal dort aus der Ecke?«

Carina zieht eine Grimasse, als sie an dem Block Rindertalg schnuppert. »Das Zeug riecht aber ziemlich eklig, Tante Bette! Ist der denn überhaupt noch gut?«

»Aber natürlich, Kind! Rindertalg riecht halt so. In jedem guten Weihnachtsstollen ist ein kleines Stückchen davon! Man merkts bloß nicht, weil noch so viele andere gute Zutaten darin sind. – So, und nun gehts los: Wir nehmen uns einen großen Topf aus dem Schrank und geben den Rindertalg hinein. Jetzt stellen wir die Platte an und lassen ihn ganz langsam warm werden – so. Siehst du, er fängt schon an zu schmelzen!«

Wieder verzieht Carina ihr Gesicht. »Igitt – wenn er warm wird, riecht er ja noch ekliger!«

»Aber das macht doch nichts«, lacht Tante Bette. »Für die armen Vögel draußen, die bei der Kälte kaum noch Futter finden, werden wir das schon aushalten können. Nachher lüften wir gut, und schon ist der Geruch verflogen. – Schau, jetzt geben wir so viel von dem Vogelfutter hinzu, dass wir's gerade noch gut umrühren können. Hier, willst du die Tüte nehmen? Aber schön langsam schütten, Carina, ich rühre dabei!«

Ein dicker Körnerbrei entsteht, und als Tante Bette ›Stopp!‹ ruft, setzt Carina die Tüte ab.

»Jetzt müssen wir die Masse auf Alufolie in Sternchen-Ausstechformen verteilen«, erklärt Tante Bette, während sie den Topf vom Herd nimmt. »Das geht am besten auf einem Backblech. Aber erst muss alles ein wenig abkühlen.«

Während Carina nachher mit einem Löffel die körnige Masse in die Sternchenformen gibt, achtet Tante Bette darauf, dass die Folie die Formen fest genug umschließt. Bald sind sechs mittelgroße Sterne gefüllt. Vor lauter Eifer hat Carina rote Wangen bekommen. »Und was jetzt?«, will sie wissen. »Wann können wir den Vögeln die Sterne hinhängen?«

»Erst, wenn sie ganz fest geworden sind«, erklärt Tante Bette. »Das dauert ein paar Stunden, aber wenn du morgen wieder zu mir kommst, kannst du sie vorsichtig von der Folie nehmen und sie draußen verteilen!«

»Und wie hänge ich sie dann auf, Tante Bette?«

»Nun, du stichst einfach ein Stückchen Draht hindurch, drehst ihn oben zusammen und knüpfst einen Bindfaden dran – fertig!«

»Au ja!«, ruft Carina und klatscht begeistert in die Hände. »Hoffentlich ist bald morgen!«

Möchtest du für eure Vögel im Garten auch solche Körnersterne aufhängen? Dann bitte doch deine Mutter darum, dass sie dir Rindertalg vom Metzger mitbringt. Vorsicht – ganz langsam erwärmen! Das Vogelfutter bekommst du um diese Zeit fast in jedem Lebensmittelgeschäft oder in einer Sämerei. Achte nur darauf, dass beim Einfüllen der Körnermasse die Unterseite der Ausstechförmchen gut mit der Alufolie abgedichtet wird.

Übrigens: Vielleicht gefallen dir Herzen oder Monde als Ausstechformen viel besser – sie eignen sich natürlich ebenso gut.

Mal doch mal welche in diesen Baum hinein!

Ein Krippenspiel im Kinderzimmer

Zuerst hatten Roberta und Bianca mit ihren Stofftieren ›Tierklinik‹ gespielt.

Alle waren krank und mussten operiert werden. Der Elefant zum Beispiel hatte einen Rüsselbruch, das Nilpferd litt unter Heuschnupfen und die Giraffe schleppte sich schon seit Tagen mit schrecklichen Halsschmerzen herum. So hatten die beiden kleinen Mädchen eine Menge zu tun, denn auch die anderen Tiere klagten über alle möglichen Beschwerden. Fleißig wechselten sie Verbände, klebten Heftpflaster auf viele kleine und große Wunden und sprachen den geduldigen Patienten gut zu. Solange, bis die Mutter rief. Es gab frischen Apfelkuchen und dazu Kakao mit viel Schlagsahne. Da schlossen sie die Tierklinik und sausten wie zwei Blitze ins Esszimmer ...

»Jetzt hab ich keine Lust mehr zum Tierkrankenhausspielen«, sagte Bianca nachher und setzte sich auf Robertas Bett, das kurz vorher noch ein Operationstisch gewesen war. »Und du?« – »Ich auch nicht«, gab Roberta zu. Sie schwang sich auf ihren Schreibtisch und baumelte mit den Beinen. »Und jetzt? Was machen wir jetzt?«

»Hhm«, überlegte Bianca und sah aus dem Fenster, aber es wollte ihr nichts Rechtes einfallen. »Ich habs!«, rief auf einmal Roberta und sprang mit einem Satz vom Schreibtisch. »Wir spielen Krippe!«

»Au ja!«, rief Bianca begeistert. »Komm, wir holen zuerst die Tiere! – Och, schade, wir haben ja gar keinen Esel! Aber das macht nichts ...« Kurzentschlossen griff sie nach dem Pferd mit dem verstauchten Ohr und wickelte in Windeseile den Kopfverband ab. »So, und jetzt noch der Ochse!«

»Aber wir haben auch keinen Ochsen!«, warf Roberta ein. Nachdenklich wanderte ihr Blick über all die Stofftiere, die aufgereiht auf ihrem Kopfkissen lagen. »Dann muss eben das Zebra der Ochse sein.« Schon knibbelte sie das breite Heftpflaster vom Huf des Zebras.

»Wo ist denn unser Stall?«, wollte Bianca wissen.

»Unterm Tisch natürlich! Wenn wir uns ein bisschen quetschen, passen wir alle darunter. – Du bist der Josef, ja?«

Bianca nickte. »Gut, aber wer ist die Maria?« – »Na, ich!«, rief Roberta und angelte nach ihrer Puppendecke. »Die hänge ich mir um, und dann ...«

»Nein, nein«, protestierte Bianca sofort.

»Das geht nicht. Du hast ja gar keine langen Haare!«

»Aber wir haben doch beide kurze Haare!«

»Stimmt, aber die Maria *muss* lange Haare haben. Die echte Maria hatte ganz bestimmt welche!«

»Und wer soll *dann* die Maria spielen? Wir sind doch bloß wir beide!«

Bianca nickte. »Dann muss eben meine Mama die Maria spielen. Meine Mama hat lange Haare.«

»Und wer bin ich dann?«, wollte Roberta wissen.

»Das Jesuskind. Du bist das Jesuskind. Dann haben wir wenigstens ein Jesuskind, das richtig lachen und weinen kann!«

Damit war Roberta einverstanden. Und so kam es, dass sich wenig später drei Leute unter dem Tisch zusammendrängten: Roberta, das riesengroße Jesuskind, Bianca, der kleine Josef und Maria-Mama mit den langen Haaren und der bunten Puppendecke als Umhang. Es war ziemlich eng unter dem Tisch. Deshalb mussten der Pferd-Esel und der Zebra-Ochse draußen stehen bleiben, aber das machte nichts.

Robertas Mama, die den Verkündigungsengel spielte, nahm den großen Strohstern vom Fenster und befestigte ihn mit Tesafilm an der

Tischkante über dem Stall. Sie holte sogar noch die Bibel und las mit lauter und deutlicher Stimme vor, was der Engel zu den Hirten auf dem Feld gesagt hatte:

»Fürchtet euch nicht! Siehe, ich verkündige euch große Freude, die allem Volk widerfahren wird; denn euch ist heute der Heiland geboren, welcher ist Christus, der Herr, in der Stadt Davids.Und das habt zum Zeichen: ihr werdet finden das Kind in Windeln gewickelt und in einer Krippe liegen.«

Dass Roberta nicht in Windeln gewickelt war, störte niemand. Auch nicht, dass sie nur auf dem Fußboden lag. Es war sehr feierlich.

Nachher sangen sie alle zusammen noch ›O du fröhliche‹, und es war ein wunderschönes Krippenspiel.

In diesem Gitterkästchen haben sich 11 Wörter versteckt, die auch in der Geschichte vorgekommen sind. Findet ihr sie?

A	M	K	U	D	G	I	N	B	G	W	E	M	J	R	S	W	B	J
L	H	L	R	B	N	C	F	Z	H	I	R	T	E	N	D	O	F	M
J	B	V	C	I	D	O	G	W	C	N	P	T	S	P	I	E	K	I
Z	A	I	C	B	P	F	D	G	Q	D	J	E	U	M	H	A	N	G
H	F	X	R	E	S	P	Z	R	P	E	O	N	S	A	V	R	H	W
E	N	G	E	L	O	B	E	S	E	L	D	H	K	H	J	Z	L	L
S	T	B	F	E	H	R	B	Q	K	N	O	D	I	X	C	G	Y	A
G	M	E	G	L	N	P	R	O	X	U	R	Y	N	S	C	O	Y	V
A	K	N	J	A	S	T	A	L	L	E	Q	F	D	P	K	U	B	N

Lösung: Krippe, Zebra, Stall, Esel, Jesuskind, Umhang, Bibel, Hirten, Engel, Windeln, Ochse

Thias ist traurig

Thias ist sehr traurig. Wieder einmal haben sich seine Mama und sein Papa heftig gestritten. Sie streiten oft, die beiden. Jedes Mal schreien sie sich dabei an und sagen sich hässliche Dinge. Thias kann das nicht leiden. Er klettert dann immer in sein Bett, zieht sich die Bettdecke über den Kopf und hält sich die Ohren zu. Manchmal, wenn sie gar zu laut zanken, drückt er mit den Handflächen ganz schnell hintereinander immer wieder gegen seine Ohren, dann werden ihre Stimmen abwechselnd mal laut und mal leise und man kann gar nichts mehr verstehen.

Diesmal ist es besonders schlimm gewesen. Thias hat alles mit anhören müssen, denn sie hatten gerade zusammen zu Abend gegessen. Der Papa hat sogar gebrüllt: »Ich nehme mir eine eigene Wohnung! Hier halte ich es nicht mehr aus!« und Mama hat gerufen: »Dann geh doch! Wir haben uns sowieso nichts mehr zu sagen!«

Da hat sich Thias ganz schnell seinen Löwen geschnappt und ist aus der Wohnung gelaufen, obwohl er schon einen Schlafanzug an hatte. Die Eltern haben es nicht einmal bemerkt. Sie haben einfach weitergestritten. Wie der Wind ist er barfuß die Treppen hinuntergerannt, vorbei an dem großen Tannenstrauß im Flur mit den bunten Figuren, vorbei an den winterlich dekorierten Treppenhausfenstern und vorbei an dem prächtig geschmückten Adventskranz an Schultes Wohnungstür! Schnurstracks ist er sämtliche Stufen hinuntergerannt. Jetzt hockt er hier unten in Papas Fischkeller auf dem alten Sofa, hat sich in die dicke Decke gekuschelt und ist schrecklich traurig. Nicht einmal das große Warmwasseraquarium mit den vielen bunten Fischen lenkt ihn ein wenig ab. Immer muss er an Mama und Papa denken, und daran, dass Papa vielleicht bald nicht mehr bei ihnen wohnt.

Wenn Papa nicht mehr da ist, will ich auch nicht mehr oben wohnen, denkt Thias niedergeschlagen. Ihm ist trotz der Decke so kalt, dass seine Zähne ganz schnell aufeinander schlagen. Es hört sich an, als wenn ein Specht ein Loch in einen Baum hämmern würde. Papa hat Thias mal einen Specht gezeigt. Drüben im Wald. Sie haben sich angeschlichen und konnten ihn sogar ein paar Minuten lang beobachten. Ein Buntspecht ist es gewesen, hat Papa ihm erklärt.

Thias zieht die Nase hoch und wischt sich mit dem Schlafanzugärmel übers Gesicht. Papa soll nicht weggehen!

Auf einmal kommt dem kleinen Jungen ein schlimmer Gedanke: Vielleicht will Mama ihn, den Thias, ja auch gar nicht mehr haben – vielleicht will sie lieber ganz ohne Männer sein! Oh, das wäre schrecklich, er hat die Mama doch so lieb!

Heftig schluchzt Thias auf. Dicke Tränen rollen ihm über die Wangen. Vor Kälte und Aufregung am ganzen Leibe zitternd wühlt er sich in die Wolldecke und rollt sich zusammen wie in einer Höhle. Nur sein kleines nasses Gesicht schaut noch hervor. Lange liegt er so auf dem Sofa.

Endlich hören die Zähne auf zu klappern und auch die nackten Füße sind nicht mehr ganz so eiskalt. Thias fühlt sich auf einmal sehr schläfrig. Die Augenlider sind schwer geworden, sie wollen schon gar nicht mehr recht aufgehen, so müde ist er. Sein Kuschellöwe liegt ganz nah bei ihm. Er ist ziemlich nass vom Weinen, aber das macht nichts. Thias drückt ihn an sich, gähnt wie ein kleiner Kater und ist im nächsten Moment trotz seines Kummers fest eingeschlafen...

Er wacht auf, weil Mama ihn in die Arme nimmt. Ganz sacht, ganz vorsichtig tut sie das. Und sie weint dabei und flüstert: »Ach, Thias, mein kleiner Thias! Wir sind so froh, dass wir dich wiederhaben! Wir haben dich überall gesucht – im ganzen Haus haben wir dich gesucht!«

Papa ist auch da. Er steht hinter Mama und streicht mit seiner großen Hand über Thias' Kopf. »He, mein Junge – was machst du nur für Sachen!«

Thias schluckt. »Ich will nicht mehr oben wohnen«, murmelt er verschlafen und schiebt Mamas und Papas Hände fort.

»Aber warum nicht, Thias? Warum willst du nicht mehr oben wohnen?«, fragt Mama leise.

Thias rollt sich zur Wand. »Ihr schreit immer so. Und Papa will weggehen von uns. Und jetzt will ich auch nicht mehr oben wohnen. Ihr wollt ja gar keinen kleinen Jungen haben.«

Da sehen sich die Eltern betroffen an. Eine Weile bleibt es ganz still. Nur das leise Summen von dem Warmwasseraquarium ist zu hören. Doch dann streicht der Papa Thias behutsam über die Schulter. Warm und fest klingt seine Stimme, als er leise sagt: »Aber natürlich wollen wir unseren kleinen Jungen haben! Weißt du, Thias – Mama und ich, wir beide hatten in der letzten Zeit wohl manchmal einfach vergessen, dass wir so einen prächtigen kleinen Kerl wie dich haben. Es tut uns beiden sehr leid, bitte glaub mir das.«

Thias Stimme klingt wackelig, als er zur Wand hin fragt: »Gehst du wirklich weg?«

Diesmal ist es die Mutter, die Thias antwortet: »Nein, mein Schatz, Papa geht nicht fort. Es ist nur – manchmal sagt man sich im Streit Sachen, die gar nicht stimmen. Manchmal will man sich mit Worten wehtun, obwohl man sich eigentlich sehr lieb hat – kannst du das verstehen?«

Thias schüttelt wortlos den Kopf. Aber dann dreht er sich plötzlich zu Mama und Papa um. »Aber wenn du nicht weggehst, will ich auch nicht hier unten bei den ollen Fischen wohnen!«

Da lachen die beiden erleichtert, und dann nimmt der Papa den Thias huckepack auf die Schultern und trägt ihn alle Treppen wieder hinauf in die Wohnung: vorbei an dem prächtig geschmückten Adventskranz an Schultes Wohnungstür, vorbei an den winterlich dekorierten Treppenhausfenstern und an dem wunderschönen großen Tannenstrauß mit den bunten Figuren, geradewegs – plumps! – in Thias Bett!

Hast du Lust, diesen Fisch auszumalen? Er sieht sicher besonders schön aus, wenn die einzelnen Schuppen verschieden gefärbt sind.

Niklas in Not

»Darf ich auch wirklich ganz alleine ein Weihnachtsgeschenk für Mama und Papa aussuchen?«, vergewissert sich Niklas bei seiner großen Schwester Anna.

»Ich hab's dir doch versprochen!«, sagt Anna, als sie das Kaufhaus betreten. »Aber du musst mir dafür versprechen, dass du nicht wegläufst. Es ist sehr voll hier, das siehst du ja, und wenn du nicht bei mir bleibst, werde ich dich verlieren.«

»Und dann?«, will Niklas wissen.

»Dann muss ich dich suchen«, erklärt Anna und hält seine Hand ganz fest in der ihren.

Aber Niklas genügt diese Auskunft noch nicht. »Weinst du dann um mich? So, meine ich ...« Und er stimmt ein jammervolles Weinen an. So laut, dass sich die Leute nach den beiden umdrehen.

Anna ist das furchtbar peinlich. »Hör auf, Niklas!«, zischt sie ärgerlich und zerrt an seiner Hand. »Alle gucken schon her!« Der kleine Bruder zuckt schmollend die Schultern. »Ich wollte dir doch bloß mal zeigen, wie du weinen musst, wenn du mich nicht findest.«

»Ich werd schon nicht weinen«, grollt Anna,

während sie Niklas hinter sich her zieht. »Jedenfalls nicht, wenn du dich so benimmst!«

Niklas sagt lieber nichts mehr. Anna ist sauer, und wenn Anna sauer ist, hält man besser den Mund. Das weiß Niklas aus Erfahrung.

In der Schreibwarenabteilung kann er aber nicht mehr länger an sich halten. »Darf ich jetzt endlich für Mama und Papa ein Geschenk aussuchen?«, quengelt er ungeduldig. Anna nickt ergeben. »Na gut, du kleiner Quälgeist. Aber ich hab dir ja etwas gesagt, nicht wahr?«

»Ja, ja«, brummt Niklas. »Ich weiß schon!« Erleichtert lässt er die Hand seiner großen Schwester los. Hier gibt es so viel zu schauen! Ganz bestimmt wird er ein tolles Geschenk für Mama und Papa finden.

Der Kugelschreiber zum Beispiel – wäre der nicht eine schöne Überraschung? Aber als er ihn in die Hand nimmt und den Preis entdeckt, schluckt er enttäuscht. 4,95 DM kostet er – so viel Geld hat er nicht gespart. Annas Angebot, ihm etwas von ihrem Taschengeld dazuzutun, hatte er ausgeschlagen, sonst wäre das Geschenk ja nicht richtig von ihm gewesen. Nein, es darf nicht mehr als 3,45 DM kosten. Mehr hat er nicht.

Das Kaufhaus ist doch so groß. Bestimmt haben sie auch Sachen für 3,45 DM!

Langsam streift Niklas an den Regalen entlang. Seine Augen wandern über Briefpapier, Umschläge, Bürolocher, Füller, Radiergummis und vieles andere mehr. Für die meisten Dinge braucht man mehr als 3,45 DM.

Einige dagegen kosten sogar weniger, aber die gefallen Niklas nicht. Was sollten Mama und Papa zum Beispiel mit roten Tintenpatronen anfangen? Sie haben ja gar keinen Füller! Oder mit Heftzwecken? Ach nein. – Würden sie sich vielleicht über Büroklammern freuen? Bestimmt nicht, sie haben ja gar kein Büro. Bloß eine Küche. Aber hier gibt es nichts für eine Küche.

Wirklich nicht? Ob es in diesem großen Kaufhaus wirklich nichts für eine Küche gibt? Das kann er nicht glauben. Irgendwo *muss* es doch etwas für Küchen geben. Und entschlossen macht sich Niklas auf die Suche ...

Er geht an der Bücherecke und am Modeschmuckstand vorbei, zwischen den Kosmetikregalen hindurch bis nach ganz hinten in die Sportabteilung.

Nirgends haben sie etwas für Küchen. Niklas ist enttäuscht. Ob Anna weiß, wo er suchen muss? Niklas sieht sich um. Wo ist Anna? Überall sind ganz viele Leute, aber Anna ist nicht darunter.

Auf einmal fällt Niklas ein, was er seiner großen Schwester versprochen hatte. Er wollte nicht weglaufen. Er wollte in ihrer Nähe bleiben.

Jetzt ist er doch weggelaufen.

Niklas Augen füllen sich mit Tränen. Anna wird ihn sicher schon vermissen und nach ihm suchen. Bestimmt weint sie schrecklich um ihn. Ob die Verkäuferin dort hinten sie vielleicht gesehen hat? Er muss sie gleich fragen!

Mit beiden Ellbogen um sich stoßend quetscht er sich zwischen den Leuten hindurch, bis er vor der Kasse steht. Einen Moment lang muss er warten, denn die Verkäuferin macht gerade eine Durchsage über ihr Mikrofon: »Bunte Sportsocken für Sie und Ihn – heute im Angebot für nur 3,99 DM – meine Damen und Herren, lassen Sie sich die Gelegenheit nicht entgehen – kommen Sie in unsere Sportabteilung!«

Verzweifelt tritt Niklas von einem Fuß auf den anderen.

Als die Verkäuferin endlich fertig ist, zupft er an ihrem Ärmel.

»Du, hast du meine Schwester gesehen? Sie heißt Anna, und sie hat gelbe Haare!«

Die Verkäuferin lacht zuerst, aber als sie sieht, dass Niklas eine dicke Träne über die Wange rinnt, beugt sie sich zu ihm nieder und sagt freundlich: »Nein, ich habe sie nicht gesehen. Wo hast du sie denn verloren?«

»Bei den – Radier – gumm – h – ies –,« schluchzt Niklas kläglich und wischt sich mit dem Anorakärmel über sein Gesicht. Als ein paar Leute stehen bleiben und ihn mitleidig ansehen, drückt er sich verlegen hinter die Theke mit dem Mikrofon. Die Verkäuferin legt tröstend ihren Arm um seine Schulter und sagt aufmunternd: »Warte am besten hier bei mir. Sicher sucht dich deine Schwester schon. Sie wird dich hier stehen sehen, und dann ist alles wieder in Ordnung. Einverstanden?«

Nein! Damit ist Niklas nicht einverstanden – er will *jetzt* zu Anna, jetzt gleich!

Und bevor die Verkäuferin ihn zurückhalten kann, stellt er sich auf seine Zehenspitzen, zieht das Mikofon zu sich herüber, drückt auf den roten Knopf, so, wie er es vorhin gesehen hat, und ruft hinein: »Anna – komm ganz schnell zu mir! Ich bin bei den Socken!«

Es klingt so dringend, als würde er ertrinken. Alle Leute in dem ganzen großen Kaufhaus hören es. Auch Anna.

Natürlich kommt sie sofort.

Als Niklas sie entdeckt, rennt er ihr entgegen wie die Feuerwehr, wirft sich in ihre Arme und gräbt sein Gesicht erleichtert in ihren dicken Winteranorak. Jetzt ist alles wieder gut – auch, wenn Anna nachher mit ihm schimpft!

»Du hast bestimmt doll geweint als ich weg

war, nicht?«, tönt es dumpf aus dem Anorak. Da lachen alle und Anna drückt ihren kleinen Bruder fest an sich.

❄ ❄ ❄ ❄ ❄ ❄

Die bunten Sportsocken – wie sie wohl ausgesehen haben? Nimm dir rasch deine Buntstifte und male ein paar tolle Muster hinein!

Ein dunkler Stern auf dem Küchentisch

Wenn Mama Pudding kocht, ist Nina meistens ganz schnell zur Stelle. Sie mag ihn nämlich am liebsten, wenn er noch warm ist. Gerade jetzt scheint es, als sollte es heute Mittag zum Nachtisch welchen geben, das sagt ihr ihre kleine Nase ganz deutlich.

»Na, du kleines Schleckermäulchen?«, lächelt Mama, als Nina schnuppernd ihren Kopf zur Tür hineinsteckt. »Magst du vielleicht eine kleine Portion von meinem Vanillepudding als Vorspeise?«

Hhm – Vanillepudding! Natürlich möchte Nina schon mal ein bisschen naschen! Als die Mutter ihr eine Kostprobe auf den Tisch stellt, atmet sie, tief über das Schälchen gebeugt, den leckeren vanilligen Duft erst einmal ganz tief ein – hhmmmm – aaaahhhh! Löffel für Löffel wandert nun die süße Köstlichkeit genüsslich in den kleinen Mund. Dabei sieht Nina der Mutter beim Kochen zu.

»Warum kochst du denn heute so ganz doll leckere Sachen, Mama?«

»Nun, heute ist doch der dritte Advent! Das ist schließlich kein Tag wie jeder andere. Weihnachten rückt immer näher, und ich muss ganz oft an Jesus denken. Und jetzt ist mir, als müsste ich ein richtig feines Geburtstagsessen vorbereiten.«

»Aber dazu ist es doch noch viel zu früh!«, ruft Nina und legt den gelben Plastiklöffel auf den Tisch. Sie hat ihn so gründlich abgeschleckt, dass man ihn eigentlich überhaupt nicht mehr spülen muss!

»Du hast Recht, Nina«, gibt die Mutter zurück. »Dazu ist es wirklich noch viel zu früh. Aber die Adventssonntage sind eben ganz besondere Sonntage.«

Nina nickt zustimmend. Sie schiebt der Mutter den blitzblanken Glasteller zu. »Finde ich auch. Es sind Warte-Sonntage, nicht? Alle warten auf Heiligabend. – Aber eigentlich *ist* Jesus doch schon längst geboren worden – damals, ganz früher. Warum warten wir denn dann immer noch?«

»Nun, im Grunde warten wir ja gar nicht mehr auf seine Geburt. Die hat schon – wie du ganz richtig gesagt hast – vor ganz vielen Jahren stattgefunden. Wir feiern Heiligabend und Weihnachten im Gedenken an damals – ähnlich wie wir deinen Geburtstag in jedem Jahr feiern. Aber auch aus einem zweiten Grund ...«

Die Mutter nimmt eine große Dose mit Schokoladenstreuseln aus dem Hängeschrank und stellt sie auf den Tisch.

»›Advent‹, das bedeutet ›Ankunft‹. Wir warten darauf, dass Jesus wiederkommt, so, wie er es uns angekündigt hat. Auch diesen Gedanken verbinden wir Menschen mit der Adventszeit.«

Gedankenverloren spielt Nina ein bisschen mit der Schokoladenstreuseldose herum.

»Ich denk ganz oft an den Stern, der über dem Stall von Bethlehem war. Bestimmt hat der besonders hell geleuchtet, sonst hätten die Weisen ihn ja am Himmel gar nicht richtig erkennen können. Er sah sicher ganz toll aus, guck mal – so vielleicht!«

Und sie schüttet einen kleinen Berg Schokoladenstreusel einfach auf den Tisch und schiebt ihn im Nu mit den Fingern zu einem flachen Stern mit einem langen Schweif zusammen.

»Du kommst auf Ideen!« Kopfschüttelnd wendet sich die Mutter dem Herd zu, um die Kartoffeln abzugießen. »Nun sammle aber mal rasch die ganzen Streusel wieder zusammen, du kleine Künstlerin, und hilf mir bitte beim Tischdecken. Komm, du kannst sie hier auf dem Pudding verteilen!« Sie stellt die Schüssel auf den Tisch. Doch was ist das? Da sind ja auf einmal gar keine Streusel mehr!

»Aber Kind – wo hast du denn deinen Stern so schnell gelassen?«

»Hier!«, lacht Nina und piekt mit dem Zeigefinger vergnügt in ihren Bauch. »Ich hab ihn einfach aufgegessen!«

Übertragt diesen Stern auf Tonpapier und schneidet ihn an der Außenlinie aus. Nun schneidet auch an den inneren markierten Linien entlang. Wenn ihr ganz sauber gearbeitet habt, liegen nun drei Sterne vor euch, die ineinander passen. Verbindet sie mit einem Zwirnsfaden – jetzt könnt ihr sie aufhängen. Jeder Einzelne wird sich drehen.

Das hat Jonas nicht gewollt!

Wie es genau passiert ist, weiß Jonas eigentlich gar nicht so recht. Auf einmal hatte das Ohr von dem Schaf in seiner Hand gelegen. Dabei hatte er es nur gestreichelt, genauso, wie er die anderen Tiere an der Krippe gestreichelt hatte: den Esel, zwei kleinere Schäfchen und sogar den Ochsen. Alle hatten sich ganz weich angefühlt, fast so, als wären sie echt. Deshalb hatte Jonas das größere Schaf auch mal ein bisschen an sich gedrückt und ihm ein Geheimnis ins Ohr geflüstert. Ja, und dabei muss es wohl passiert sein.

Erschrocken starrt Jonas auf das Ohr in seiner Hand. Das schöne weiche Schäfchen ist kaputt – oh, das hat er nicht gewollt! Seine Augen füllen sich mit Tränen und wie um Verzeihung bittend streicht er immer wieder über den Kopf des Schafes. Was soll er nur tun? Kann ihm denn keiner helfen? Das Schäfchen muss doch sein Ohr wiederhaben! Doch niemand ist hier, außer ihm. Nur die Krippe mit dem Jesuskind, Maria und Josef und die Tiere sind da.

In den Adventswochen bleibt die schwere Tür der kleinen Kirche immer unverschlossen, damit die Leute die wunderschöne Krippe bewundern können. Jeden Tag ist Jonas bisher hier gewesen und hat die Tiere gestreichelt, seit fast zwei Wochen. Meistens waren zwischendurch auch andere Menschen hereingekommen. Sie hatten still in den Kirchenbänken gebetet oder sich – wie er – die Krippe angeschaut. Diesmal jedoch ist Jonas ganz allein.

Noch immer hockt er vor dem Schäfchen, in der Hand das abgebrochene Ohr. Wie gerne würde er es ihm wieder ankleben! Jonas zieht geräuschvoll die Nase hoch und wischt sich mit dem Jackenärmel über die Augen, aber es wollen immer neue Tränen herauskullern. Ob in der Sakristei vielleicht Klebstoff liegt? Leise huscht Jonas hinüber zu der Eichentür in der Ecke und drückt die Klinke hinunter. Es geht nicht. Sie ist abgeschlossen.

Mit hängendem Kopf trottet er zurück zum Stall. Vor der Krippe mit dem Jesuskind bleibt er stehen. »Du hast es gut«, murmelt er traurig. »Du hast dem Schäfchen nicht das Ohr abgebrochen. Du hast überhaupt noch nie etwas kaputtgemacht. Und ich – ich mach immer nur Blödsinn, sagt Mama. Ach, Jesus, kannst du mir vielleicht sagen, was ich jetzt tun soll?«

Es mochte an der Beleuchtung liegen, vielleicht war's auch nur wie ein schöner Traum, den man manchmal mitten am Tag träumt, aber Jonas sah ganz deutlich, wie das Jesuskind lächelte. Es lachte ihn nicht aus, nein – es lächelte so wie jemand, der einem Mut machen will.

Mut – für was?

»Was soll ich nur mit dem Ohr tun, Jesus, bitte, sag es mir doch!«

Es kam keine Antwort, aber das Kind in der Krippe lächelte immer noch, verständnisvoll und ermutigend. Da legte Jonas das Ohr von dem Schäfchen zu ihm hinein. Ganz vorsichtig, damit es nicht zerbrach. Er legte es einfach neben das Jesuskind ins Stroh.

»Bitte, mach du es wieder heil«, flüsterte er dabei und strich dem Kind über die kleine Hand. »ich möchte es so gern, aber ich kann es nicht!«

Als Jonas den Kopf wieder hob, schien die Sonne hell und warm durch eines der hohen Kirchenfenster und malte bunte Kringel auf seine dunkle Winterjacke. Er spürte, wie etwas von seinem Herzen plumpste, das da wie ein schwerer Stein gelegen hatte, und auf einmal war er sich ganz sicher, dass Jesus ihm helfen würde. Auch, wenn er noch nicht recht wusste, wie.

Dieses Schäfchen könnt ihr ganz leicht nachbasteln:

Schneidet es aus schwarzem Tonpapier oder aus Tonkarton aus, knickt es am Rücken um und klebt den Kopf und den Körper einfach zusammen. (Aufpassen – die Beine dürfen nicht zusammengeklebt werden, sonst kann das Schäfchen nachher nicht stehen!)

Nun holt euch weiße Watte und klebt einen dicken Bausch auf die Vorder- und Rückseite des Körpers und ein bisschen auf den Kopf. Schneidet die Ohren aus und klebt sie an.

Jetzt braucht ihr nur noch die Beine etwas abzuknicken – schon steht das Schäfchen auf eurem Tisch!

Windpocken und ein Adventsgedicht

Mitten in der Nacht wird Daniel durch ein Geräusch geweckt. Gähnend reibt er sich die Augen, aber sie wollen gar nicht recht aufgehen. Warum ist denn das Licht an, und wieso ist Mama hier? »Was ist denn los?«, murmelt er schlaftrunken und richtet sich in seinem Bett auf. »Ist es schon Morgen?«

Die Mutter fährt ihm kurz durch das wirre Haar und flüstert: »Nein, schlaf nur weiter, mein Junge. Maxi geht es nicht gut, wir messen gerade Fieber.«

Sofort ist Daniel hellwach. »Was hat er denn?«

»Vielleicht hab ich Windpocken«, brummt der Zwillingsbruder aus dem gegenüberliegenden Bett. »Überall auf meinem Bauch sind so komische Pickel, und die jucken ganz doll! Und heiß ist mir auch. Und mein Kopf tut weh und mein Bauch sowieso.«

Mit einem Satz ist Daniel aus seinem Bett. »Lass mal sehen – vielleicht hast du Fieber!« Prüfend legt er seine Hand auf Maxis Stirn. »Klar, du fühlst dich an wie unser Sandwich-Toaster ...!«

»Na, na, jetzt übertreibst du aber«, unterbricht ihn die Mutter kopfschüttelnd. »So schlimm ist es nun auch wieder nicht. Warte, ich sehe mal nach – 38,5°. Nun, ich fürchte, mein Schatz, du hast Recht – es sind ganz bestimmt die Windpocken ...«

»Aber dann kann ich morgen ja gar nicht in die Schule!«, protestiert Maxi aufgebracht. »Und dabei haben wir morgen doch unsere Adventsfeier!«

»Ach, dann geh ich eben auch nicht«, versucht Daniel ihn zu trösten, aber der Bruder hört ihm gar nicht zu.

»Ich *will* aber in die Schule! Ich *will* aber in die Schule!«, heult er laut, und zur Verstärkung heult Daniel gleich mit.

Die Mutter hält sich die Ohren zu. »Kinder, nun macht doch nicht solch einen Lärm mitten in der Nacht! Jetzt ist Papa bestimmt auch wach geworden!« Sie setzt sich auf Maxis Bettkante und nimmt ihn in den Arm. »Es tut mir wirklich leid für dich, Maxi, aber morgen kannst du nicht in die Schule gehen. Sieh mal – du würdest alle anderen sofort anstecken und außerdem hättest du sowieso nicht viel von der Adventsfeier, wenn es dir nicht gut geht. Daniel geht natürlich trotzdem hin. – Aber du wirst Maxi alles genau erzählen, nicht wahr?« Ermunternd drückt sie Daniel kurz an sich.

Doch dem gefällt es gar nicht, dass Maxi nicht mitgehen kann. Er macht nie etwas ohne Maxi. Und eigentlich hätten sie beide zusammen ein Gedicht aufsagen dürfen. Das hatten sie sich sogar selber ausgesucht. Es heißt »Überall ist Advent«. Und keinem hatten sie es vorher gesagt. Es wäre für alle eine Überraschung geworden. Jetzt ist Maxi krank. Und jetzt muss er, Daniel, die Überraschung ganz allein machen.

Am liebsten würde er morgen auch zu Hause bleiben.

»Und warum hab ich nicht auch Windpocken?«, beklagt er sich trotzig.

»Na, hör mal!« weist ihn die Mutter zurecht. »Freu dich lieber, dass wenigstens einer von euch beiden morgen mitmachen kann! Und jetzt ab in die Blaukarierten, mein Söhnchen – bald ist die Nacht vorbei!«

Sie wendet sich wieder Maxi zu, der mit brummiger Miene stocksteif in seinem Bett liegt. »Nicht mal bewegen kann ich mich«, beschwert er sich finster. »Sofort juckt's wieder überall! Windpocken sind doof – doof – doof!«

Die Mutter nickt verständnisvoll. »Ich kenne das von früher. Alle Kinder haben irgendwann mal die Windpocken. Die Juckerei ist wirklich lästig, aber du darfst dich nicht kratzen, sonst gibt es lauter kleine Narben! Hier, sieh mal –

ich habe mitten auf der Nasenspitze eine. Die ist von einer aufgekratzten Windpocke!«

»Wo – lass mal sehen!« Wie ein Gummiball springt Daniel wieder aus seinem Bett, um Mamas Nase genaustens zu inspizieren. »Stimmt. Da ist 'ne kleine Kuhle. Aber macht nichts«, tröstet er sie großzügig, »du siehst trotzdem toll aus!«

»Na, das freut mich aber«, lacht die Mutter und gibt Daniel einen Klaps auf den Po. »Dabei komme ich mir im Augenblick eher vor wie ein Nachtgespenst! – So, Kinder, jetzt wird weitergeschlafen, und morgen lassen wir uns vom Kinderarzt etwas gegen den Juckreiz verschreiben.«

»Am besten gleich zwei Packungen!«, rät Daniel, während er in sein Bett zurückschlüpft. »Ich krieg's nämlich bestimmt auch bald. Ich krieg' immer alles, was Maxi hat!«

»Und ich alles, was Daniel hat«, bestätigt Maxi und dreht sich ganz vorsichtig im Bett herum, damit es nicht so fürchterlich juckt.

Wenig später, als es wieder dunkel im Zimmer ist, beginnt Daniel leise:

»Wo man genug zum Leben hat,
wo man zufrieden ist und satt, ...«

Da fällt Maxi ein:

»wo niemand Not und Schmerzen kennt –
da feiern Menschen jetzt Advent.

Wo Krieg ist, Leid und Hungersnot,
wo Kinder betteln um ein Stückchen Brot,
wo man nur bittere Armut kennt –
auch dort ist gerade jetzt Advent.

Vor Gottes Sohn sind alle gleich,
ob groß, ob klein, ob arm, ob reich.
Weil Jesus keine Grenzen kennt –
darum ist überall Advent.«

Es ist ganz still im Zimmer, als sie fertig sind.

»Du?«, flüstert Daniel in die Dunkelheit.

»Hhm?«, kommt es aus Maxis Bett zurück.

»Gut, dass wir nicht betteln müssen.“

»Ja, das dachte ich auch gerade. Ich hab lieber Windpocken.«

Daniel nickt, obwohl Maxi es nicht sehen kann.

Dies hier sind Zwillinge. Sie sehen ganz gleich aus – oder?

Suche die 10 Unterschiede!

Lösung: 1. Mütze; 2. Augenbrauen; 3. Frisur; 4. Schal; 5. Knöpfe; 6. ein Mantel schließt rechts, einer links; 7. Handschuh; 8. Flicken auf der Hose 9. Stiefelschnürung; 10. Sohlenfarbe

Sind selbstgebastelte Geschenke wirklich doof?

»Du, Rawina, hast du eigentlich schon Weihnachtsgeschenke für deine Eltern?«, fragt Carolin, während die beiden Mädchen die dicke blaue Turnmatte zum Mattenwagen schleppen. Rawina schüttelt den Kopf. »Nee, hab auch kein Geld. Ich werd ihnen etwas basteln.«

»Ja, kriegst du denn kein Taschengeld?! Ich bekomme von meinem Vater jede Woche zehn Mark!«, ruft Carolin und sieht die Freundin mit weit aufgerissenen Augen überrascht an.

»Schon lange nicht mehr«, antwortet Rawina. Mit aller Kraft zerren die Mädchen die schwere Matte auf den Wagen. »Seit mein Vater arbeitslos ist. Wir brauchen jetzt jeden Pfennig, sagt Mama. Aber wenn ich etwas ganz dringend nötig habe, bekomme ich es auch. Bloß für Kinkerlitzchen ist im Moment kein Geld übrig, verstehst du?«

»Aber Weihnachtsgeschenke sind doch keine Kinkerlitzchen!«, protestiert Carolin lautstark. »Ohne Weihnachtsgeschenke ist überhaupt kein Weihnachten – finde ich jedenfalls! Und selbstgebastelte Sachen finde ich doof, das sind doch eigentlich keine richtigen Weihnachtsgeschenke. Außerdem kann ich überhaupt nicht basteln – ich kauf' meinen Eltern lieber was, das ist nicht so anstrengend!« Sie schwingt sich auf den Mattenberg und zieht die Beine an. »Na, ja, aber wenn du kein Geld hast, kannst du natürlich nichts kaufen, das ist klar.«

Rawina hält die Lederschlaufe der Matte noch immer in der Hand. Gedankenverloren knetet sie an ihr herum. »Eigentlich möchte ich ihnen ja eine Kerze schenken. Ich hab eine ganz tolle gesehen. So eine bunte, weißt du, die so schön leuchtet wie ein Windlicht, wenn man sie anmacht.«

»Kenn ich – ich hab selber so eine!«, wirft Carolin ein.

Rawina zuckt mit den Schultern. »Dann muss ich sie ihnen eben schenken, wenn wir wieder Geld haben. Vielleicht ist es ja schon bald so weit. Papa schickt fast jeden Tag Bewerbungen fort. Bestimmt hat er bald wieder Arbeit!« »Kinder – beeilt euch, gleich fängt schon die nächste Stunde an!« Die Sportlehrerin klatscht in die Hände. »Rawina, Carolin – bringt schnell den Mattenwagen fort!«

Später, auf dem Heimweg muss Rawina immer wieder an die wunderschöne bunte Kerze denken, die sie ihren Eltern so gern zu Weihnachten schenken würde. Mama und Papa mögen Kerzenlicht doch so sehr – sie hätten sich bestimmt darüber gefreut! Ob sie überhaupt noch da ist, die Kerze? Vielleicht hat sie schon längst jemand anders gekauft ...

Die Eltern werden es nicht merken, wenn sie kurz einmal nachschaut, das Warenhaus ist ja gleich um die Ecke.

Schon steht Rawina vor dem Regal mit den vielen Tischservietten und Kerzen. Suchend wandert ihr Blick die Reihen entlang. Da – da ist sie ja!

Vorsichtig nimmt sie die Kerze heraus. Wie einen kostbaren Schatz hält sie sie in ihrer Hand.

Ein tiefer Seufzer pustet aus ihr heraus. Schade – sie ist soooo schön! Eine richtige kleine Landschaft ist in sie hineingefärbt worden. Da gibt es einen schneebedeckten Stall, zwei dick verschneite Tannen, sogar einen kleinen Hasen und einen tiefdunkelblauen Himmel mit goldenen Sternen ... den Schnee kann man sogar fühlen, wenn man mit dem Finger darüber fährt ... Eigentlich ist die Kerze viel zu schön, um sie anzuzünden, denkt Rawina. Aber die Eltern hätten sie sowieso erst ganz lange betrachtet, das weiß sie genau, vielleicht sogar ein paar Tage lang.

Wie hatte Carolin vorhin gesagt? – ›Ohne Weihnachtsgeschenke ist gar kein Weihnachten‹ und ›selbstgebastelte Sachen sind überhaupt keine richtigen Weihnachtsgeschenke‹.

Stimmt das denn?

Wenn es wirklich stimmt, denkt Rawina traurig, dann haben wir wohl in diesem Jahr gar nicht richtig Weihnachten. Und wenn Papa keine Arbeit bekommt, dann wird es im nächsten Jahr immer noch nicht anders sein.

Die Kerze in ihrer Hand ist so schön! Das Haus sieht gerade so aus wie sie sich den Stall vorstellt, in dem das Jesuskind geboren worden ist. Ach, sie möchte sie so gerne haben! Außerdem: Es ist doch eine Weihnachtskerze – muss sie dann nicht auch an Weihnachten brennen? Es gibt doch hier so viele Kerzen. Wenn diese eine nicht mehr da wäre, das würde doch keiner merken, oder? Verstohlen sieht sich Rawina um. Niemand ist hier, der sie beobachtet.

Aber was ist denn das? Auf einmal fühlt die Kerze sich so schwer an. Wie kommt das nur? Es ist, als würde sie plötzlich mehr wiegen als vorher.

Mamas Worte fallen ihr ein: »Schuld kann schwer sein wie eine Last«, hat sie einmal zu Rawina gesagt.

Ob das die Last ist, die sie jetzt fühlt? Obwohl sie die Kerze noch gar nicht wirklich mitgenommen hat?

Rawinas Blick fällt wieder auf das Bild. Der kleine Stall mit dem Jesuskind. Kann eine Weihnachtskerze wirklich eine Weihnachtskerze sein, wenn sie gestohlen ist?

Obwohl sie das Wort nur gedacht hat, zuckt Rawina zusammen. Gestohlen – ja, sie hätte gestohlen, wenn sie die Kerze mitnehmen würde, ohne sie zu bezahlen! Könnte sich Jesus darüber freuen? Könnte sie Mama und Papa in die Augen sehen, wenn sie sie ihnen schenken würde? Ist Weihnachten wirklich kein Weihnachten ohne gekaufte Geschenke?

Doch! Es ist *doch* Weihnachten – auch, wenn es keine teuren Geschenke gibt! Carolin hat nicht recht – auf einmal weiß Rawina das ganz genau. Und Mama und Papa und Jesus wären bestimmt furchtbar traurig, wenn an Weihnachten eine Kerze brennen würde, die gestohlen ist! Nie darf man etwas stehlen – nicht zu Weihnachten und auch nicht zu einer anderen Zeit.

Sie wird den Eltern ein Bild malen. Ein Bild, das genauso aussieht wie dieses hier. Sie wird den Stall malen, die Tannen und auch den Hasen und die Sterne, und Mama und Papa werden sie darüber freuen – ganz sicher sogar. Sie haben sich immer gefreut, wenn sie etwas

Selbstgemachtes geschenkt bekommen haben!

Vorsichtig fährt Rawina noch einmal mit ihrem Zeigefinger über den dicken Schnee, und dann stellt sie die Kerze wieder zurück in das Regal.

Man kann auch Kerzen als Transparentbild verschenken. Ihr könnt euch eine Vorlage ausdenken oder diese hier verwenden.

Manuel hat Zeit

Eigentlich hat sich Manuel schon daran gewöhnt, dass die Mutter seit einiger Zeit wieder berufstätig ist. Meistens sitzt er sowie nach dem Mittagessen erst einmal eine Weile über seinen Hausaufgaben, danach geht er draußen spielen, bis sie wiederkommt. Irgendeines der Kinder aus der Nachbarschaft ist immer auf der Straße. Nur manchmal wünscht er sich, die Mutter wäre wie früher zu Hause und hätte wieder für ihn Zeit. Heute, zum Beispiel. Heute hat Manuel keine Lust zum Spielen. Heute muss er zu oft an Papa denken, und daran, dass bald Weihnachten ist. Es wird das erste Weihnachtsfest ohne Papa sein. Manuel weiß noch nicht so richtig, ob er sich diesmal auf Weihnachten freut oder nicht.

Die anderen Kinder haben es gut. Bei denen wird alles so sein wie immer. Manuel schluckt ein bisschen. Blöd, dass Mama nicht da ist.

Er klappt sein Heft zu und schlendert lustlos in die Küche. Ob im Kühlschrank vielleicht etwas Leckeres für ihn bereitsteht? Ab und zu kocht Mama ihm einen Extrapudding. »Zum Trost«, hatte sie einmal erklärt, »weil ich doch nachmittags nicht mehr zu Hause bin.« Schade, diesmal steht kein Pudding im Kühlschrank. Dabei hätte Manuel gerade jetzt so gern etwas Süßes gegessen. Eigentlich müsste er doch noch ein Fünfzigpfennigstück haben. Er fasst in seine Hosentasche. Da ist es. Das könnte reichen für ein paar Brausebonbons, die es gegenüber an der Tankstelle gibt.

Manuel nimmt seine Winterjacke vom Haken, greift nach dem Haustürschlüssel und verlässt die Wohnung.

Draußen weht ein kalter Wind. Er zerrt an allem, was sich bewegen lässt, reißt an Schals und Mützen und fährt den Menschen so heftig ins Gesicht, dass es ihnen den Atem nimmt.

Manuel ist das gleichgültig. Er hat nicht einmal den Reißverschluss seiner Jacke geschlossen. Ohne Eile überquert er die Straße und betritt die Tankstelle. Es ist eine von den neuen. Sie ist erst vor ein paar Wochen umgebaut worden. Man kann jetzt drinnen an einem runden Stehtisch Kaffee trinken und etwas essen. Schon oft hat Manuel von seinem Kinderzimmerfenster aus den Leuten dabei zugeschaut.

Auch heute steht jemand an dem hohen Tisch. Ein älterer Mann ist es. Ungefähr so alt wie Manuels Opa. Er hat eine Kaffeetasse vor sich stehen und blickt nach draußen. Als Manuel an ihm vorbeigeht, lächelt er ihm kurz zu.

Für fünfzig Pfennig bekommt Manuel sonst

zehn Brausebonbons. Diesmal legt ihm der nette Tankwart sogar drei extra in die Tüte. »Weil du heute ein bisschen grummelig aussiehst«, sagt er dabei und beugt sich zu Manuel hinüber. »Gehts dir nicht gut, mein Junge?« – »D ... doch«, beeilt sich Manuel zu versichern, aber der Tankwart scheint ihm nicht recht zu glauben. »Hey, ich seh doch, dass etwas nicht stimmt! Pass auf, ich geb dir 'n Kakao aus, o.k.?« Schon greift er nach einem Becher und lässt aus dem silberfarbenen Automaten dampfenden Kakao hineinlaufen. »Hier, Junge. Nimm dir den mit zu dem Stehtisch da drüben. Ich mach mir später auch 'n Kaffee und komm dann zu dir. Hier ist heute sowieso nicht viel los.«

Dankbar greift Manuel nach dem Becher und trägt ihn zu dem runden Tisch. Als er ihn abstellt, rückt der ältere Mann bereitwillig mit seiner Tasse zur Seite. »Komm zu mir, Junge, hier ist genug Platz für uns beide. Allein schmeckt's mir sowieso nicht recht.«

Manuel nimmt vorsichtig einen kleinen Schluck von dem heißen Kakao. Hhm, der ist wirklich prima – fast so gut wie der, den Mama sonst immer kocht! »Mir schmeckt's alleine auch nicht«, sagt er, stellt den Becher wieder ab und fährt sich mit dem Handrücken über den Mund. Eine braune Spur bleibt darauf zurück. Manuel reibt sie an seinem Hosenbein ab. »Alleinsein ist doof.«

»Stimmt«, antwortet der Mann. »Niemand hört einem zu, und niemand erzählt einem etwas. »

»Und niemand ist einfach nur da«, ergänzt Manuel.

»Ja«, sagt der Mann, »das ist es. Manchmal muss nur einer da sein. Er braucht überhaupt nicht zu reden. Es reicht, wenn einfach einer da ist. Bei mir ist keiner da, weißt du. Zum ersten Mal werde ich Weihnachten ganz alleine feiern. Aber was soll's?« Er sieht Manuel an und lächelt. »So gehts immerhin einer ganzen Menge Menschen. – Du freust dich bestimmt schon sehr, was? Als ich so alt war wie du, ist Weihnachten für mich jedenfalls das Größte gewesen!«

»Ich bin schon älter«, sagt Manuel. Er nimmt einen zweiten Schluck Kakao und sieht aus dem Fenster. »Ich freu mich nicht drauf.«

Eine Weile bleibt es still.

Der Mann leert seine Tasse und stellt sie mit bedächtiger Bewegung zurück auf den kleinen Unterteller. »Sag mal – wie heißt du eigentlich?«

»Manuel.«

»Schöner Name. Ich kannte bisher keinen, der so heißt.«

Dann beginnt er zu erzählen, fast so, als spräche er zu sich selbst. »Weißt du, Manuel – manchmal denkt man, die Freude wäre für immer fort. Dann fühlt man sich niedergeschlagen und möchte am liebsten gar nicht Weihnachten feiern. Und doch ist sie noch da. Wir sehen sie bloß nicht so richtig, wenn wir traurig sind. Sie wartet dann in einem kleinen Winkel unseres Herzens darauf, dass wir sie wieder erkennen können, aber sie geht nie ganz fort. Ja, so ist das mit der Freude.

Und weißt du, wer sie zurückholen kann? Jesus kann das.

Er ist nämlich besonders zu denen gekommen, die sagen: Herr Jesus – wir brauchen dein Licht, weil es in unseren Herzen ganz dunkel ist.«

Die Stimme des Mannes wird leise. »Ich muss es mir selber im Moment oft in Erinnerung rufen, weil ich es zwischendurch immer wieder vergesse. Aber wenn ich das getan habe, wenn ich ganz fest daran denke, dann wird es in meinem Herzen wieder hell. Dann kann ich sie wieder erkennen, die Freude, und dann schmeckt es mir wieder. Auch, wenn ich allein bin. Kannst du das verstehen, Manuel?« Fragend lächelt er den Jungen an.

»Kann sein«, antwortet Manuel, »muss mal drüber nachdenken.« In kleinen Schlucken trinkt er den Kakao aus, bis sich sein Bauch von innen ganz warm anfühlt. Dann zieht er die Tüte mit den Brausebonbons aus seiner Jackentasche, nestelt sie auf und hält sie dem Mann hin. »Hier – wollen Sie auch welche? Sie kribbeln auf der Zunge!«

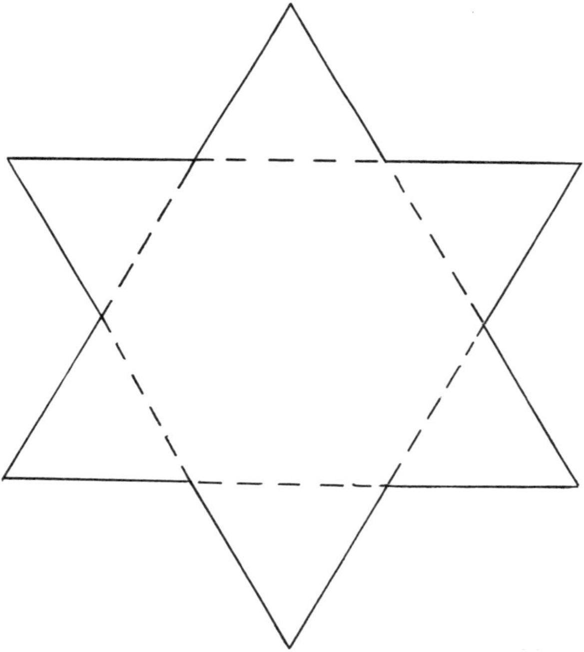

Wie das so ist mit Jesus und dem Licht, kann euch die Weihnachtsblume erzählen:

Übertragt die Blume auf weißes Papier. Malt sie gelb aus, bevor ihr sie ausschneidet. In der Mitte sollte das Gelb am hellsten sein und dann nach außen hin immer ein bisschen dunkler werden.

Jetzt schneidet ihr die Blume aus und bemalt die Rückseite grau oder in einer anderen ›traurigen‹ Farbe.

Klappt die Blütenblätter anschließend nach innen zur gelben Seite hin. Jetzt sieht die geschlossene Blume dunkel aus.

Wenn ihr sie aber vorsichtig in eine mit Wasser gefüllte Glasschlüssel legt, öffnet sie sich schon nach kurzer Zeit, und die ›Licht‹-Seite blüht hell auf!

Was das mit Jesus zu tun hat? Nun, Jesus sagt von sich: »Ich bin das Wasser des Lebens«. Er kann hell machen, was dunkel ist – so, wie das Wasser in der Glasschüssel die Blüte hell gemacht hat, die vorher dunkel gewesen ist.

Zapfen, Kugeln, Pilze und ein wunderschöner Vogel

Heute darf ich bei Oma und Opa schlafen. Morgen ist nämlich Heiligabend, und Mama und Papa wollen mich gerne aus dem Weg haben. Jedenfalls haben sie das zu Oma und Opa gesagt. Mir ist das recht. Ich weiß sowieso nicht, was ich solange machen soll, bis es endlich morgen ist, so aufgeregt bin ich schon.

Wenn ich bei Oma und Opa bin, geht die Zeit viel schneller herum.

Bestimmt üben wir nachher wieder das Schachspielen. Opa bringt es mir nämlich gerade bei. Immer, wenn ich komme, stellt er die Figuren auf und erklärt mir ein paar Züge. Ich habe noch nicht viel verstanden, aber der Opa erklärt es mir manchmal ganz komisch. Oma findet das auch. Sie sagt immer: „Opa erklärt mal wieder über fünf Ecken!“ Dann ist der Opa meistens ein bisschen eingeschnappt und sagt zu ihr: „Davon verstehen Frauen nichts.“ Dabei bin ich doch auch eine Frau, man sieht es nur noch nicht so richtig.

Aber heute ist mir das sowieso alles egal. Meinetwegen kann er über acht oder neun Ecken erklären – Hauptsache, ich muss nicht immerzu an morgen denken!

Vorhin habe ich mit meiner Oma zusammen Weihnachtsbaumschmuck ausgepackt – Kugeln, Tannenzapfen, kleine Fliegenpilze, Nüsse und Sterne. Sie stammen noch aus der Zeit, als meine Mama klein war. Damals hingen sie jedes Jahr am Weihnachtsbaum. Meine Mama mochte sie immer besonders gern, hat Oma mir erzählt. Sie wollte sie immer geschenkt haben und in ihrem Kinderzimmer aufbewahren, aber meine Großeltern hatten sie ihr nicht schenken wollen. Es sei zu schade, wenn sie aus Versehen kaputt gehen würden, haben sie ihr damals erklärt. Da konnte Mama nichts machen.

Später, als sie mit Papa verheiratet gewesen war, hatten sich die beiden eigenen Weihnachtsbaumschmuck gekauft. Knallrote Kugeln und rote Schleifchen und sowas. Als ich dann dazugekommen bin, haben sie noch bunte Figuren in den Tannenbaum gehängt, damit ich noch mehr zu gucken hatte.

Aber Omas alter Weihnachtsbaumschmuck gefällt mir noch viel besser!

Alle Teile sind aus hauchdünnem Glas. Manche haben einen weißen, rauen Überzug, der aussieht wie Schnee. Sogar ein Vogel ist dabei mit einem spitzen Schnabel und einem wippendem Schwanz aus bunten, glitzernden Fäden. Auf seinem Kopf sitzt ein silbriges Büschel wie ein Krönchen. Immer, wenn ich den Vogel bewege, zittert es wie Wackelpeter. Als ich es eben mal vorsichtig angefasst habe, sind ein paar Stippen von dem Silberglitzer an meinem Finger hängen geblieben. Da musste ich daran denken, wie alt er schon ist. Nicht mein Finger natürlich, sondern der Silberglitzer!

Ich habe meine Oma gefragt, ob sie mir den Vogel schenkt. Weil ich doch schon acht Jahre alt bin und bestimmt gut auf ihn aufpassen kann, aber Oma hat den Kopf geschüttelt und gesagt: „Das geht nicht – leider.“ Ich habe ziemlich lange gebettelt, aber Oma wollte ihn mir nicht geben. Sogar mein Opa hat für mich gequengelt und gesagt, sie könnte mir dann doch wenigstens einen Pilz schenken oder einen Zapfen – es hat nichts genützt. Oma wollte einfach nichts hergeben. Nicht einmal einen Pilz oder einen Tannenzapfen. Schade!

Alle Teilen wanderten wieder zurück in den Karton. Wir haben sie vorher einzeln in nagelneues Seidenpapier gewickelt, damit sie nicht kaputt gehen konnten.

Was ich bloß nicht verstehen kann: Warum packt Oma denn jetzt den Karton in Geschenkpapier? Will sie denn nicht die schönen Zapfen und Kugeln und Pilze morgen an ihren Tannenbaum hängen?

Ach, jetzt fällt mir ein: Die beiden kommen ja morgen mit zu uns. Da brauchen sie ja gar keinen eigenen Tannenbaum.

Aber warum packt sie dann den Karton mit dem schönen alten Weihnachtsbaumschmuck so toll ein? Er sieht ja aus wie ein Geschenkpäckchen ... Will sie es etwa jemandem ...? Aber das geht doch nicht! Den Vogel und all die anderen Sachen darf sie doch nicht einfach ver...!

»Oma, du darfst sie nicht verschenken! Bitte – verschenk' sie nicht! Sie sind doch so schön!« Am liebsten würde ich heulen – so traurig bin ich jetzt!

Da nimmt mich Oma in ihre Arme und flüstert mir mit geheimnisvoller Stimme ins Ohr: „Das werde ich aber, mein Schatz. Ich kenne nämlich jemand, der sich darüber ganz bestimmt sehr freuen wird! Dieser Jemand hätte sie nämlich schon vor vielen Jahren gar zu gern geschenkt bekommen!"

Oh, jetzt weiß ich plötzlich, für wen der Karton bestimmt ist! Ich drücke meine Oma vor Freude so fest, dass sie kaum noch Luft bekommt.

Hoffentlich – ach, hoffentlich ist ganz schnell morgen!

Wie das Geschenkpapier ausgesehen hat, das die Oma zum Einpacken gewählt hat, weiß ich nicht so genau.

Welches hätte *dir* gefallen? Hier ist Platz, um ein Muster zu entwerfen!

Ein tolles Geschenk für Oma

Sicher ist es bei euch genauso: Mit der Adventszeit beginnt auch die Geschenke-Aussuch-Zeit. Ein jeder läuft mit geheimnisvoller Miene herum und überlegt sich, mit was er dem Anderen wohl zu Weihnachten eine Freude machen könnte. Man kauft oder bastelt schöne Dinge und versteckt sie dann bis zur Bescherung in einem Schrank oder einer Schublade, an der ein Zettel klebt mit der Aufschrift: »Nicht öffnen!«

Wehe, irgendjemand aus der Familie wird in der Nähe eines solchen Schrankes erwischt! Sofort wird »streng verboten!!!« mit drei Ausrufezeichen dazugeschrieben.

Markus besitzt auch ein solches Schränkchen. Eigentlich gehören seine Musikkassetten hinein, aber während der Adventszeit sind nur Geschenke darin. Jeder in der Familie weiß das, denn er hat es allen gesagt, als das erste gebastelte Teil darin verschwunden war. Inzwischen sind einige hinzugekommen: das Lesezeichen für Papa, das kleine Windlicht für Mama und die selbstangemalte bunte Holzperle für seine Schwester Martina, der er sogar von seinem Taschengeld noch ein Lederbändchen dazu gekauft hat, obwohl er eigentlich gerade mit ihr verzankt ist.

Es ist gar nicht so einfach, für jeden ein Geschenk zu finden, über das er sich später wirklich freuen wird. Manchmal fällt einem sogar überhaupt nichts ein. So wie für Oma. Markus weiß einfach nicht, was er der Oma zu Weihnachten schenken soll. Dabei hat Oma immer besonders schöne Geschenke für ihn und Martina. Sie kann doch jetzt nicht einfach nichts von ihm bekommen!

»Mama, weißt *du* vielleicht ein Geschenk für Oma? Mir fällt überhaupt keins ein – dabei ist heute schon Heiligabend!«

»Hhm«, überlegt die Mutter. Sie hört sogar mit dem Bügeln auf, zieht den Markus an sich und denkt mit ihm zusammen wirklich angestrengt nach. Aber am Ende schüttelt sie doch den Kopf und sagt: »Nein, Markus, mir fällt auch gar nichts Rechtes ein. Weißt du, ältere Menschen haben meistens schon alles, was sie brauchen ... doch, warte – vielleicht würde sich Oma über etwas Gesundes freuen! Du weißt doch, dass sie sehr gern Obst isst. Vielleicht kaufst du ihr von deinem Taschengeld diesmal eine ganz besondere wirklich außergewöhnliche Frucht. Eine, die man eben nicht jeden Tag isst. Es gibt da heutzutage schon eine große Auswahl!«

Nachdenklich beißt sich Markus auf die Unterlippe. Es stimmt – Oma mag sehr gern Obst. Aber eine Frucht – ist das denn wirklich ein schönes Weihnachtsgeschenk? Eine Frucht kann er ihr doch genauso gut zum Geburtstag schenken. Nein – es müsste etwas sein, das mit Weihnachten zu tun hat! Oma freut sich doch schon so auf Weihnachten. »Es riecht immer so gut bei euch«, sagt sie jedes Mal, wenn sie zu Besuch kommt. »Es riecht so würzig nach Anis und Zimt und Nelken!«

Das kommt natürlich von Mamas Plätzchen. Da sind eine Menge Gewürze drin. Oma kriegt jedes Mal welche ab, wenn Mama wieder gebacken hat.

Vielleicht würde sie sich über etwas freuen, das so riecht wie bei uns ...

Plötzlich kommt Markus ein Gedanke. Ja – das wäre doch ein schönes Weihnachtsgeschenk für Oma! Und hast-du-nicht-gesehn rennt er zum Gewürzbord und schnappt sich das Döschen mit den ganzen Nelken. »Kann ich die mal haben?«

»Klar – aber was hast du denn damit vor?«, wundert sich die Mutter kopfschüttelnd.

Doch Markus behält seine Idee noch für sich. »Ich brauch das mal«, gibt er nur kurz zur Antwort und macht ein geheimnisvolles Gesicht. »Für Oma!«

Er stellt das Döschen mit den Nelken auf seinen Schreibtisch und geht nebenan in dem türkischen Lebensmittelgeschäft eine wunderschöne kugelrunde und pralldicke Apfelsine kaufen. Mit der dicken Apfelsine in der Jackentasche steckt er kurz den Kopf zur Küchentür hinein und sagt: »Mama, jetzt darfst du mal nicht in mein Zimmer kommen – ich mach ein Geheimnis!«

Natürlich hält sich die Mutter an das Zimmerverbot, denn schließlich ist bald Weihnachten. Aber gespannt darauf, was der Markus da drin wohl macht, ist sie schon, das könnt ihr euch sicher denken.

Und der Markus macht wirklich etwas ganz Tolles. Er steckt nämlich die Nelken in die Apfelsine. Aber nicht einfach so, sondern er steckt mit den Nelken nach und nach ein richtiges Muster. Er steckt Kreise, Pfeile, gerade und geschwungene Linien – eben ein richtiges kugelrundes Bild. Nur die schwarzen kleinen Köpfchen schauen heraus. Je mehr Nelken er in die Apfelsine steckt, umso hübscher sieht sie aus, und das kräftige Orange der Schale leuchtet wie eine Sonne!

Markus sitzt lange über seiner Arbeit. Er braucht viele viele Nelken. So viele, dass er zwischendurch sogar die Mutter bitten muss, ihm noch mehr zu geben. Glücklicherweise hat sie noch eine volle Tüte, und so kann es gleich weitergehen. Längst duftet es im ganzen Zimmer, ja sogar in der ganzen Wohnung herrlich nach Apfelsine und Nelken ...

Endlich ist Markus fertig. Als er die Orange langsam rundherum dreht und sie von allen Seiten betrachtet, ist er ganz sicher, dass er für Oma genau das richtige Geschenk gebastelt hat. Am liebsten würde er sie ihr jetzt gleich schenken!

Habt ihr gerade eine Mandarine zu Hause? Schneide sie quer in zwei Hälften und trenne vorsichtig das Fruchtfleisch heraus. Nun setze in jede Hälfte ein Teelicht. Jetzt kannst du die Weihnachtslichter in einer großen Glasschüssel schwimmen lassen!